GRENSVERKEER

"ACCENT"

GRENSVERKEER

LITERATUURWETENSCHAP • TEKSTINTERPRETATIE • CULTUURSTUDIE

«Tout mot d'un texte conduit hors des limites de ce texte.»
(Mikhaïl Bakhtin)

Hendrik VAN GORP

PEETERS

ISBN 90-429-0767-3 (Peeters Leuven)

D. 1999/0602/56

INHOUDSOPGAVE

VOORWOORD

Deze publicatie is tot stand gekomen op vraag van drie jongere onderzoekers van het departement Literatuurwetenschap aan de KU Leuven: Jan Baetens, Dirk de Geest en Koen Geldof. Zij hebben een aantal opstellen die over de jaren heen verschenen zijn geselecteerd en er een bundel van gemaakt. Uit de aard van de zaak zijn de opgenomen bijdragen 'gedateerd' en sommige ervan in de dubbele betekenis van het woord. De verschijningsdatum van de essays over narratologie en de picareske verhaalkunst, bijvoorbeeld, ligt reeds zover terug in de tijd, dat die duidelijk zijn sporen heeft nagelaten op de literaire benadering die erin tot uiting komt. Maar dit heeft meteen het voordeel dat de eigen ontwikkeling die ik heb doorgemaakt in de loop van een kwart eeuw academische literatuurstudie, voor de nodige relativering heeft gezorgd om de plaats en evolutie van de discipline te bekijken. Ik heb die opstellen dan ook bewust niet 'bijgesteld'; hoogstens werd hier en daar een onduidelijkheid weggenomen of de spelling aangepast. Alleen bij het eerste opstel, dat ik overigens samen met Dirk de Geest heb geschreven, werd een passage over literatuurgeschiedschrijving geschrapt omdat ze in het daaropvolgende essay uitvoerig ter sprake komt; meteen werd ter aanvulling een paragraaf over de veldtheorie van Bourdieu toegevoegd, om het overzicht te vervolledigen.

De lezer zal al gauw merken dat ik aanvankelijk, vanuit een bepaald 'wetenschapsideaal', nogal sterk door een formaliserende classificeringsdrang gefascineerd was, waarbij de aanpak van structuralistische onderzoekers zoals Vladimir Propp, Franz K. Stanzel en, iets later, Gérard Genette mij ongetwijfeld heeft beïnvloed (zie de opstellen over „Tekstcommunicatie, vertelsituatie en verhaalfuncties" en „Picareske vertelstructuren?"). Toch is mij achteraf opgevallen dat ook toen reeds, vaak weliswaar aan het eind, historiserende noten of vraagtekens werden geplaatst die, zij het nog voorzichtig, al in de richting van 'relativering' en contextualisering wezen. In de latere bijdragen uit de jaren tachtig en negentig is dat 'historisme' toegenomen en ging mijn interesse duidelijker uit naar allerlei vormen van receptie-onderzoek, intertekstualiteit en een meer functioneel-dynamische benadering van het literaire veld.

Deze evolutie is duidelijk af te lezen uit mijn publicaties over de twee (populaire) verhaalgenres waarmee ik me gedurende een aantal jaren meer speciaal heb ingelaten, de *novela picaresca* (schelmenroman) en de *gothic novel* (griezelroman). Het heeft geleid tot twee 'geschiedenisoverzichten' die bij onderlinge vergelijking de bovengeschetste ontwikkeling, althans in verband met de betrokken disciplines (narratologie, literaire historiografie), indirect reflecteren.

Mijn *Inleiding tot de picareske verhaalkunst* (1978) is nog grotendeels gesteund op een structuralistische lectuur van een aantal zogenaamd representatieve werken, met de bedoeling een soort 'röntgenfoto' van het genre te kunnen vastleggen met 'wezenlijke' structuuraspecten en thematische karaktertrekken. De positie van de besproken romans in het literaire veld werd nauwelijks bevraagd en wat er zich rond die werken had afgespeeld werd slechts sporadisch vermeld en bleef grotendeels beperkt tot de obligate en vrij algemene achtergrondinformatie. Deze benadering maakte het dan ook mogelijk, zonder al te veel scrupules, de verhaaltraditie door te trekken tot in de tweede helft van de twintigste eeuw, waar in een aantal romans gelijkaardige structurele en thematische kenmerken terug te vinden waren. In een vroeg opstel van 1970 („Picareske vertelstructuren?") komt deze aanpak het duidelijkst naar voren. De bijdrage over de vertaling en evolutie van het genre

(1978-79) legt voorzichtig reeds andere, meer intertekstuele en 'receptieve' accenten door onder meer vanuit het onderzoek van vertalingen op 'verschuivingen' in de ontwikkeling van het genre te wijzen.

In mijn recente studie *De romantische griezelroman* (1998) is het historisch receptie-onderzoek consequenter doorgevoerd via tal van andere randteksten (intertekstueel, institutioneel en contextueel) die een licht werpen op de opkomst en evolutie van het genre. Deze benadering vindt men ook terug in het vrij recente opstel over de receptie van de *gothic novel* in de Nederlandse letterkunde (1996). Een doortrekking van de genretraditie tot op de huidige dag (denk aan het geweldige succes van *Frankenstein-* en *Dracula*-verhalen) die op thematische gronden (opgeroepen angstgevoelens) voor de hand zou liggen, heb ik bewust vermeden, omdat de huidige horror-literatuur niet meer binnen een vergelijkbare context te benaderen valt, gezien de enorme impact erop van film en andere (nieuwe) media (infra).

De overgang van een structuralistische naar een meer intertekstuele en functionalistische literatuurbenadering, die overigens globaal de evolutie van de Westerse literatuurwetenschap kenmerkt (zie hiervoor het inleidend overzichtsartikel), is bij mij, voor zover ik het vanop afstand nog juist kan inschatten, aanvankelijk begonnen met mijn kennisname en herhaalde lectuur, tijdens mijn doctoraatswerk, van Wayne C. Booths *The Rhetoric of Fiction* (1961), waarin 'overtuigingskracht' het allengs ging halen op technische procédés. De belangrijkste impuls tot een andere, meer intertekstuele kijk op de zaak is voor mij echter het oeuvre van Mikhail Bakhtin geweest (zie het opgenomen „Polyfonie in de roman" uit 1986) terwijl ook een aantal opstellen van Jurij Tynjanov en Jurij Lotman hun invloed hebben uitgeoefend, net zoals mijn groeiende belangstelling voor het onderzoek van literaire vertalingen (Itamar Even-Zohar, José Lambert). Deze intertekstuele en meer functioneel-dynamische benadering wordt gethematiseerd in het opstel „Over literaire vertalingen en (andere) tekstbewerkingen" (1998) dat teruggaat op een voordracht uit 1976 aan de KU Leuven voor het eerste internationaal colloquium over *Literature and Translation*. In het hierbij aansluitend artikel „Interpretatie, 'tekstualiteit' en receptie-onderzoek" en in het vroegere opstel „De utopie van een omvattende literatuurgeschiedschrijving" (1985) worden meteen ook de vele problemen die vanuit zulke benadering rijzen voor een 'wetenschappelijke' interpretatie van teksten en voor een historiografie van de literatuur op een rijtje gezet (zie ook Dirk de Geest, Hendrik van Gorp en Ortwin de Graef, „Academische literatuurstudie: tussen contextualiteit en toch tekstualiteit" in *Tijdschrift voor Literatuurwetenschap*, 1 (1996), pp. 50-59).

Tot zover enkele toelichtingen bij de door anderen gekozen opstellen, waarin ik mijn eigen ontwikkelingsgang goed kan terugvinden. Ik zou er nog een paar algemene bedenkingen aan willen toevoegen met betrekking tot de geschetste gang van zaken en de positie van de discipline. Het is duidelijk dat het onderzoeksveld van de literatuurstudie allengs is verbreed. Kan men in het tweede en derde kwart van de twintigste eeuw nog spreken van *a linguistic turn* (stilistiek, *verbal analysis*, structuuronderzoek...), dan hebben nadien receptieve en institutionele aspecten zich sterker op de voorgrond weten te dringen en hoort men tegenwoordig nogal eens de term *cultural turn* vallen. Het object van de literatuurwetenschap is daarmee geëvolueerd van de literaire tekst, over tekstcommunicatie, naar alles wat met literaire teksten gebeurt/gebeurd is in hun culturele context. Deze ontwikkeling houdt terzelfder tijd vele mogelijkheden, maar ook risico's in.

Het 'literaire feit', zoals Tynjanov het reeds in de jaren twintig voor ogen had, heeft zich de laatste decennia (wellicht mede onder de invloed van 'postmodernistische' opvattingen) geconcretiseerd in het begrip 'tekstbewerking' of tekst(fragment) tussen teksten, waarbij niet alleen meer het afgewerkte product de aandacht trekt, maar ook de producenten, consumenten en bemiddelende instanties. Het lag dan ook voor de hand dat de reductie tot 'bellettrie' – overigens een historisch concept – niet langer kon standhouden. De scheiding hoge/lage literatuur, die inherent is aan elk cultureel systeem (Bourdieu's *La Distinction*), kan in zo'n breder perspectief niet meer worden gehanteerd als afbakening van het studieobject van de literatuurwetenschap zoals dat tevoren het geval was (en zoals dat ook nu nog is in de ogen van een aantal 'academici' die het onderzoek van, zeg maar, jeugdliteratuur, strips, fantasy, SF en dergelijke maar niets vinden of deze paraliteratuur gewoon doorverwijzen naar pedagogen, psychologen en sociologen). Het is duidelijk dat op esthetisch en inhoudelijk vlak onderscheidingen tussen hoog en laag zich blijven opdringen: de literaire geschiedschrijving heeft zich trouwens in het verleden heel behoorlijk van haar taak gekweten en dusdanig gezift en gezeefd dat de meeste werken die zijn overgebleven en gecanoniseerd, nu nog de moeite van het lezen waard zijn. Voor de cultuur-overdracht blijft dat een zaak van primair belang. Maar binnen een onderzoekscontext heeft men er vanuit diverse systeemtheorieën (Lotman, Luhmann, Schmidt, Even-Zohar, Bourdieu) op gewezen dat literatuur met grote L en massaliteratuur in hun verschillende en veranderende manifestaties voortdurend op elkaar inwerk(t)en, *bottom up* zowel als *top down*, en dat dus beide moeten worden bestudeerd wil men die gecanoniseerde literatuur juist positioneren en begrijpen. Aan de andere kant hebben deconstructie, psychoanalyse en feminisme de traditionele literatuurwetenschap vaak op uitdagende wijze bestookt met kritische vragen naar de presupposities van esthetische opvattingen en objectiviteit.

Dit alles heeft zijn impact gehad op recente tendensen in de narratologie, de vergelijkende literatuurstudie, vooral dan het interartistiek comparatisme, en de cultuurstudie. De verhaalanalyse, die haar hoogste 'wetenschappelijkheid' bereikte tijdens het Franse structuralisme (Barthes, Greimas, Todorov, Bremond, Genette) is sindsdien bewust verder dan de tekst gegaan, en verder dan wat traditioneel tot fictie werd gerekend, om zich te bezinnen over 'narrativiteit' als zodanig in diverse soorten van teksten. Deze bredere aanpak manifesteert zich ook in het interartistiek comparatisme dat de bekende woord-beeld dichotomie achter zich heeft gelaten voor een multimediale benadering waarin de twee domeinen constant met elkaar interfereren. Voor de literatuurstudie van de twintigste eeuw betekent dit dat een geschiedenis van literaire fenomenen niet meer los van de andere media kan worden geschreven (zie de opmerking hierboven met betrekking tot de *gothic novel*). De institutionele condities van lezen, kijken en luisteren (denk aan het *habitus*-begrip van Bourdieu) kunnen immers niet langer over het hoofd worden gezien. De *cultural turn* lijkt daarmee duidelijk zijn weg gevonden te hebben in de literatuurstudie, die zich a.h.w. verplicht voelt de pluriforme verbale en niet-verbale 'teksten' die onze cultuur uitmaken op hun interacties te gaan bestuderen. Dit uit zich bijvoorbeeld in de grote opbloei van multiculturele, postkoloniale en *gender*-studies die elk op hun manier de traditionele Westerse literatuurwetenschap het verwijt toesturen de 'differenties' en de niet-dominante 'stemmen' (Bakhtin) te hebben onderdrukt (zie hiervoor ook in deze bundel de afsluiter „Het belang van cultuur"). Een gelijkaardige breed-culturele interesse is ook te merken in de vele imagologie-studies waarin wordt onderzocht hoe naties en ethnisch-religieuze of sociale groepen of organisaties worden gerepresenteerd in de literatuur. Het receptie-onderzoek lijkt hierin overigens zijn tweede adem te hebben gevonden. De belangstelling voor culturele differentie is ten slotte bijzonder opvallend aanwezig in het beschrijvend vertaalonderzoek waar allerlei verschuivingen in een systemische context cultureel worden geïnterpreteerd.

De hierboven geschetste *cultural turn* heeft zich trouwens ook institutioneel doorgezet en verankerd in allerhande academische werkverbanden en onderzoekscholen en vooral in als paddestoelen uit de grond oprijzende *cultural studies*-programma's die interdisciplinariteit en multidisciplinariteit in het vaandel voeren. En toch, of moeten wij zeggen, precies daardoor zijn de vakgroepen algemene en vergelijkende literatuurstudie aan de meeste Westerse universiteiten sterk onder druk komen te staan in de obligaat geworden besparingsrondes aan de universiteiten, want 'nationale' reflexen wegen in laatste instantie vaak zwaarder door. Die vakgroepen lijken in het beste geval zich enkel nog als een soort *cultural studies* te kunnen handhaven, met het risico dat de vergelijkende studie van literaire teksten en de theoretische reflectie op literaire verschijnselen binnen zulk perspectief, hoe boeiend dit laatste ook is, drastisch dreigen te worden beperkt. Maar misschien weerspiegelt zulks gewoon de 'realiteit', dat wil zeggen de (relatief gezien, want er werd nooit zoveel geschreven en gelezen) afnemende interesse voor literatuur binnen een hedendaagse multimediale cultuur. Bovendien wordt die literatuur dan nog meer bekeken en beluisterd in tal van 'bewerkingen' voor toneel, film, beeldbuis en radiotoestel, om nog maar van de digitale media te zwijgen, dan gelezen in haar traditionele 'drager': het literaire boek. Hier ligt een enorme uitdaging voor de volgende generatie literatuuronderzoekers: de gulden middenweg te vinden tussen een defensieve strategie van blinde inkapseling en een naïef progressieve uitverkoop van eigen doelstellingen en methoden ten voordele van (multi)culturele vervaging.

Hendrik van Gorp, 24 december 1998

I

THEORETISCHE PERSPECTIEVEN

LITERATUURWETENSCHAP[1]

Literatuurwetenschap als wetenschap?

Het is een hachelijke onderneming om, binnen het bestek van een beperkt aantal bladzijden, de stand van zaken in de literatuurwetenschap te willen uiteenzetten. In de eerste plaats kan men zich immers afvragen of de literatuurwetenschap als een min of meer omlijnd geheel wel bestaat. Moeten wij niet veeleer gewagen van een aantal vormen van literatuurwetenschap – zoals de titel van een recente didactische *reader* luidt –, of zelfs van diverse literatuurwetenschappen? En is een dergelijke toestand, vanuit wetenschappelijk oogpunt beschouwd, wenselijk of noodzakelijk dan wel schadelijk of op zijn minst van voorlopige aard? Daarenboven rijst de vraag of er wel sprake kan zijn van een literatuurwetenschap in strikte zin. De eerste vraag heeft betrekking op het pluralisme en de veelzijdigheid binnen de literatuurwetenschap, de tweede slaat op het (on)wetenschappelijke karakter van de discipline.

Theoretici die zich beroepen op een Popperiaans geïnspireerd wetenschapsmodel contesteren nog steeds, in niet onbelangrijke achterhoedegevechten, het wetenschappelijk statuut van de literatuurstudie. Hoewel op bepaalde punten ogenschijnlijk een zekere consensus is bereikt, kan men in hun ogen (vooralsnog) toch niet spreken van een gestandaardiseerde vraagstelling, een welomschreven onderzoeksobject

(1) Oorspronkelijke referentie: H. van Gorp & D. de Geest, „Literatuurwetenschap", in P. de Meester e.a. (red.), *Wetenschap nu en morgen*, Leuven, U.P. Leuven, 1989, pp. 125-139.

en uniforme, ondubbelzinnige onderzoeksmethoden. Wat zich aandient onder de noemer van 'literatuurtheorie', vertegenwoordigt in werkelijkheid veeleer een literatuuropvatting, een min of meer systematisch geheel van normatieve stellingnamen in verband met de aard en de functie van literatuur en de daartoe gehanteerde strategieën (Hugo Verdaasdonk, Cornelis J. Van Rees). Dergelijke achterliggende assumpties sturen in feite het onderzoek en anticiperen tevens in zeker opzicht reeds op de conclusies ervan. Op die manier gebeurt de gangbare literatuurwetenschappelijke praktijk grotendeels in een betwistbaar methodologisch kader, dat onder meer gekenmerkt wordt door justificationisme, essentialisme, en een gebrek aan empirische fundering en objectiviteit.

Andere onderzoekers zijn echter beduidend minder pessimistisch omtrent de wetenschappelijkheid van de literatuurstudie. Zij houden er minder stringente methodologische eisen op na (relevantie, intersubjectiviteit, coherentie, soepeler opvattingen omtrent falsificatie, enzovoort) en beklemtonen – in het spoor van wetenschapsfilosofen als Kuhn, Lakatos en Feyerabend – vooral de sociologische en historische dimensie van de wetenschapsbeoefening zelf. Diverse types van benadering kunnen best na en naast elkaar bestaan, *a fortiori* wanneer zij uiteenlopende facetten van het complexe onderzoeksobject literatuur bestuderen. Hans Mooij heeft het in dit verband over 'zoeklichttheorieën', dat wil zeggen partiële benaderingen die bepaalde aspecten van het literaire fenomeen uitdrukkelijk op de voorgrond (wensen te) plaatsen, maar tegelijk andere elementen verwaarlozen of alvast buiten beschouwing laten.

Dit sterk wisselende en gediversifieerde karakter van de literatuurwetenschap hangt onder meer samen met de relatief recente geschiedenis van het vak. Pas tegen het einde van de negentiende eeuw groeide geleidelijk aan, onder de invloed van het positivisme en het sciëntisme, het verlangen naar een autonome, wetenschappelijke aanpak van het fenomeen literatuur; voordien vond het schrijven over literatuur overwegend plaats binnen het kader van de literaire bedrijvigheid zelf. Sinds ongeveer 1880 heeft de literatuurstudie zich, door opeenvolgende (pre)paradigma's heen, voortdurend verder geprofileerd en verdiept. Daarbij valt op hoe de discipline doorgaans nauw aansluiting heeft gezocht bij andere wetenschappen die als richtinggevend of op zijn minst als bruikbaar werden ervaren. Inzichten daaruit werden dan overgenomen of in functie van de literatuurstudie vertaald. In de eerste plaats werden ideeën, begrippen en methoden ontleend aan de wijsbegeerte (het positivisme, de *Geistesgeschichte*, de hermeneutiek en de deconstructie), maar daarnaast werd ook gebruik gemaakt van modellen uit andere geesteswetenschappen (de kunstwetenschap, de psychologie, de sociologie, de linguïstiek) en zelfs de exacte wetenschappen (de statistiek, de cybernetica, de wiskundige topologie).

Uiteindelijk heeft die complexe situatie onmiskenbaar ook te maken met de specifieke aard van het onderzoeksobject. In tegenstelling tot andere wetenschappen, waar het bestudeerde object *a priori* gegeven is (vaak als afzonderlijk en zelfs te isoleren werkelijkheidsdomein), bestudeert de literatuurwetenschap het verschijnsel 'literatuur'. Als cultureel gegeven is de literatuur evenwel steeds ingebed in een ruimer historisch en maatschappelijk kader. Als gevolg daarvan is het corpus van literaire werken voortdurend aan fluctuaties onderhevig. Wat in de ene periode en maatschappij als literair wordt beschouwd, is het immers niet noodzakelijk (en vaak zelfs niet) in een andere context.

Daarenboven is de kwalificatie 'literair' geen objectieve, neutraal beschrijvende aanduiding, maar is het begrip integendeel sterk evaluatief en normatief geladen. Literatuur geniet doorgaans een zeker prestige, op grond van normen en waardeoordelen die zowel specifiek literair als extra-literair (van morele, politieke, religieuze, levensbeschouwelijke aard) kunnen zijn. Welke teksten op een bepaald ogenblik tot de literatuur worden gerekend, en dus potentieel in aanmerking komen als materieel object voor de literatuurwetenschap, hangt bijgevolg samen met een complex samenspel van factoren.

Zo hebben bijvoorbeeld bepaalde types van stripverhalen en detectiveromans sinds kort een zeker literair prestige verworven; voor heel wat onderzoekers blijven het echter nog steeds 'lagere' genres, die buiten het domein van de literatuurwetenschap vallen. Daaruit blijkt meteen hoe ook de onderzoeker in feite als subject, bewust of onbewust, nauw betrokken is bij de definitie van zijn object, aangezien ook hij een beroep doet op een (gedeeltelijk impliciete) literatuuropvatting en zo bepaalde normatieve selectiemechanismen hanteert bij het samenstellen van zijn corpus.

Als gevolg daarvan is het vrij problematisch een vooropgezette, statische omschrijving van het begrip literatuur te willen geven, die dan als het ware het definitieve vertrekpunt voor elke studie van het literaire fenomeen zou kunnen vormen. In de praktijk werden en worden nochtans frequent pogingen ondernomen om literaire en niet-literaire teksten ondubbelzinnig van elkaar te onderscheiden. Enerzijds wijst men daarbij op een duidelijk verschil in functie. Literaire teksten zouden in de eerste plaats gericht zijn op een belangeloos esthetisch genieten en niet op het verstrekken van informatie of het induceren van een bepaald gedrag.

Anderzijds kan die esthetische functie pas optimaal vervuld worden als de tekst is opgebouwd op een wijze die beantwoordt aan het specifieke verwachtingspatroon ten aanzien van literaire teksten. In de literatuurtheorie wordt dan ook voortdurend getracht om het intern-literaire karakter – men spreekt in dit verband van de 'literariteit' als het formele object van de literatuurwetenschap – nader te omschrijven.

Onderzoekers hebben bijvoorbeeld gewezen op het fictionele karakter van literaire teksten – die niet, zoals referentiële mededelingen, naar de werkelijkheid verwijzen, maar aan een eigengereide 'wereld in woorden' gestalte geven –, op de complexiteit en meerzinnigheid ervan, het optreden van bepaalde structurele patronen, de grotere frequentie van allerlei stijlfiguren, de hechte samenhang van vorm en inhoud... Zulke pogingen om tot een analytische, universeel hanteerbare definitie te komen worden echter, hoe relevant en bruikbaar de voorgestelde criteria in een aantal gevallen ook mogen zijn, steeds weer tegengesproken door de literaire feiten zelf. Zeker in een cultuur als de onze – die sedert de Romantiek wordt gedomineerd door een esthetiek van het verschil, van de vernieuwing en de originaliteit – biedt de literaire productie telkens opnieuw weerstand aan een dergelijke vastleggende benadering met min of meer voorspellende kracht.

Men stelt dan ook vast dat de literatuurwetenschap de jongste jaren meer en meer een functionalistisch standpunt is gaan innemen en meer aandacht besteedt aan de ruimere communicatieve situatie waarin het literaire feit tot stand komt. De benadering van de literaire tekst als een autonome, in zich besloten taalconstructie – dominant bij de *close-reading* en het structuralistisch denken in de jaren veertig-zestig – is gaandeweg vervangen, of op zijn minst aangevuld, door andere benaderingswijzen die vooral de complexe tekenstructuur van de literatuur beklemtonen. Bij die verbreding van het onderzoeksdomein speelden inzichten uit de semiotiek, dat wil zeggen de algemene tekenleer, een belangrijke stimulerende rol. In het spoor van Ferdinand de Saussure (Algirdas J. Greimas, Julia Kristeva en anderen) en Charles S. Peirce (Umberto Eco, M. Bense en anderen) worden literaire teksten opgevat als tekens die hun betekenis ontlenen aan de afzonderlijke elementen waaruit zij zijn opgebouwd, én aan de diverse codes waarop zij een beroep doen. Naast specifiek literaire conventies zijn hierbij ook allerlei culturele en maatschappelijke codes van belang. Uit een dergelijke visie blijkt meteen ook het voorlopige van elke poging tot zingeving, aangezien de betekenis van een tekst niet uitputtend, voor eens en altijd, kan worden vastgelegd.

Tegelijk krijgt in dat perspectief de positie van de lezer als zinstichtend subject een centrale rol toebedeeld. In de tekstinterpretatie worden verworvenheden uit de hermeneutiek (Hans Georg Gadamer, Paul Ricoeur) aangevuld met ideeën uit de deconstructie (Jacques Derrida, Paul de Man, J. Hillis Miller en anderen), de psychoanalyse (Jacques Lacan), het feminisme (Gayatri C. Spivak, Shoshana Felman en anderen), de intertekstuele benadering en de ideologiekritiek. Op ruimere schaal poogt het receptie-onderzoek die functie van de lezer nader te bestuderen. Zo onderzoekt de werkingsesthetica (Wolfgang Iser) de lezersrol zoals die in de tekst zelf vervat ligt en sturend werkt bij de activiteit van het lezen. Ander onderzoek is er, in het spoor van Hans Robert Jauss, op gericht om de verwachtingshorizon van groepen lezers ten aanzien van literaire teksten te reconstrueren en te expliciteren, terwijl het concrete leesgedrag ook empirisch wordt onderzocht.

Deze invalshoeken laten hun invloed ook gelden op het terrein van de literaire geschiedschrijving. De vroegere cumulatieve methode (literatuurgeschiedenis als een chronologische lijst van auteurs en titels) heeft plaats gemaakt voor een meer omvattende, systemische en functionele aanpak. Zo is het onderzochte corpus aanmerkelijk verruimd. Naast toonaangevende werken en schrijvers worden nu ook minder bekende en niet-gecanoniseerde teksten en genres bestudeerd en onderzoekt men tijdschriften, anthologieën en uitspraken over literatuur (manifesten, kritieken, polemieken). Op die manier wordt het mogelijk om de structuur en de dynamiek van het literaire systeem te beschrijven. De aandacht gaat daarbij vooral naar het canoniseringsproces – waardoor een tekst geleidelijk aan deel gaat uitmaken van het literaire establishment – en verder naar de invloed van de traditie, de opgang van avant-gardistische tendensen, het epigonisme, het belang van vertaalde literatuur, de reconstructie van periodecodes en literatuuropvattingen, de wijze waarop literaire systemen onderling en met andere systemen (andere kunsten, religie, moraal, politiek, economie) interfereren, enzovoort.

De interesse is dus gaandeweg verschoven van afzonderlijke factoren (auteurs, teksten, lezers) naar de interactie van die verschillende factoren, of beter naar diverse vormen van interactie waardoor een literatuur in een bepaalde periode en in een bepaald taalgebied zich als een systeem gaat gedragen. In de recente literatuurwetenschap hebben meerdere onderzoekers in die zin voorstellen gedaan (Dirk de Geest 1996), zoals Itamar Even-Zohar (polysysteemhypothese), Siegfried Schmidt (systeem van handelingsrollen in verband met teksten, met name auteurs, bemiddelaars, lezers en 'verwerkers') en de sociologen Niklas Luhmann en Pierre Bourdieu. Deze laatste heeft met zijn 'veldtheorie' een inspirerende aanzet gegeven om tal van interacties institutioneel te beschrijven. De bestaansgrond en functie van culturele gegevens, in casu literaire teksten, is volgens hem afhankelijk zowel van het 'veld', dit wil zeggen de objectieve instituties en posities in het maatschappelijk universum, als van de *habitus* of de door socialisatie ontstane waarnemings-, waarderings- en handelingsschema's – disposities – in de hoofden van individuen en groepen lezers. Deze voelen zich min of meer thuis in een bepaald cultureel of literair veld dat, wat zijn grenzen betreft, voortdurend aan verandering onderhevig is (koppeling aan andere velden). Bourdieu's cultuursociologie probeert aldus een wetenschappelijke grondslag te bieden voor het oppervlakkige onderscheid tussen hogere literatuur (*le champ de production restreinte*) en massaliteratuur (*le champ de grande production*). De kenmerken van deze twee sectoren in het literaire veld zijn vaak tegenstrijdig: cultureel, symbolisch kapitaal in het eerste versus economisch kapitaal in het laatste. Het is daarom volgens hem noodzakelijk om de positie van literaire werken steeds ten opzichte van zowel het eigen literaire veld als tegenover de omliggende velden (economie, religie, andere kunsten) te bepalen en de *habitus* van de actoren die erin werkzaam zijn zo empirisch mogelijk te analyseren.

Uit het hierboven geschetste brede onderzoeksveld willen wij, in wat volgt, twee onderzoeksdomeinen lichten die de algemene problematiek nader illustreren en concretiseren, met name de genrestudie en de tekstinterpretatie. Voor een derde, bijzonder interessante problematiek, de literaire geschiedschrijving, verwijzen wij de lezer naar het in deze bundel opgenomen artikel 'De utopie van een omvattende literatuurgeschiedschrijving.'

Genreproblematiek

De problematiek van de genres is niet los te zien van de opvattingen over literatuur en literatuurgeschiedschrijving; integendeel, zij lijkt wel een sleutelpositie in te nemen in het literatuurwetenschappelijk debat. Dat is eigenlijk al van in de Oudheid zo geweest. Van Aristoteles over Quintilianus en Boileau tot recent Genette en Todorov werden de beschouwingen over literatuur grotendeels bepaald door commentaren over classificaties van (literaire) werken. Of het nu gaat over literaire, religieuze of medische teksten, een van de eerste vragen die onvermijdelijk bij ons opkomt is immers: 'Welk soort tekst lezen wij? Waar moet deze tekst gesitueerd worden ten opzichte van andere teksten?' Dat vooral de laatste tijd deze genreproblematiek de aandacht van de literatuurwetenschappers heeft getrokken, ligt precies aan het feit dat men zich meer dan vroeger bewust is geworden van de 'openheid' en de 'relativiteit' van het begrip literatuur in zijn veelvuldige verschijningsvormen. Het object van de literatuurstudie lijkt minder de tekst op zich dan het geheel van (mogelijke) types van discours waarvan de individuele tekst een specifieke manifestatie is.

Vroeger werd de problematiek van de genres haast uitsluitend gesitueerd op het niveau van de literaire praktijk zelf, georiënteerd door genre-regels die de tekst in kwestie 'herkenbaar' maakten voor de lezer en er een soort label of etiket op plakten. Deze regels werden gecodificeerd in poëticale handboeken die op een bepaald moment in de geschiedenis gingen bepalen volgens welke principes de tekstproductie kans maakte om doeltreffend te zijn. Nu gaat men meer de descriptieve toer op om de complexiteit en relativiteit van de problematiek recht te laten wedervaren. Immers, de vroegere poëtica's legden, in hun poging om de literaire praktijk zoveel mogelijk te reglementeren, een aantal normen op, op basis waarvan zij een groot aantal teksten uitsloten en de complexiteit van andere teksten reduceerden. Het hedendaagse literatuurwetenschappelijke discours wil de praktijk allerminst beïnvloeden, maar pretendeert alle mogelijke tekstproducties te erkennen en te beschrijven binnen het literaire en culturele systeem van de betrokken periode. De aandacht gaat daarbij (zoals in de geschiedschrijving) vooral naar normen en modellen. Het blijkt namelijk dat invloedrijke modellen uit de Oudheid (en aangepaste versies ervan) onophoudelijk andere modellen hebben gegenereerd in andere communicatiesystemen. Maar deze Westerse (gecanoniseerde) modellen geven vaak geen of nauwelijks rekenschap van niet-gecanoniseerde of van marginale genres, van orale literatuur en, per definitie, van vele niet-Westerse of neo-Westerse literaire fenomenen.

De verschuiving van een gesloten, normerende en reducerende houding naar een meer open, relativerende opvatting met oog voor de complexiteit van het geheel, is af te lezen aan de gehanteerde classificatiecriteria en -modellen. Vroeger greep men meestal terug naar retorische en hiërarchische modellen. In het eerstgenoemde gold als belangrijkste vraag: 'Wie spreekt er? Tot wie wordt er gesproken en met welk doel?' Zo'n communicatiemodel blijft strikt formeel en a-historisch. Het hiërarchische model lijkt anderzijds wel een nostalgische droom van elke (Westerse) wetenschapper te zijn: hoe kan men alle groepen en subgroepen van teksten hergroeperen in één globale constructie, waarbuiten er niets meer literairs zou zijn? De literatuur wordt in die optiek opgedeeld in algemene categorieën (*modi*) als lyriek, epiek, dramatiek, didactiek, en dan verder onderverdeeld; de categorie van de epiek bijvoorbeeld zou dan genres als het epos, de novelle, de roman, enzovoort omvatten, terwijl deze laatste dan weer verder kan opgesplitst worden in subgenres als de avonturenroman, de ontwikkelingsroman, de ruimteroman, enzovoort.

Tegen deze louter formele of hiërarchisch gesloten en statische modellen is de laatste tijd opgeworpen dat zij geen recht doen aan de complexe genrepraktijk en aan de vele interacties en conflicten, in één woord aan de zogenaamde 'onregelmatigheden' en 'breuken' die zich vaak voordoen. Teksttypes van welke aard ook evolueren immers voortdurend binnen een ruime marge: schrijvers parodiëren elkaar, nemen over, verbeteren, reageren en willen het vaak heel anders doen, en lezers voelen zich thuis in een genre, of ontgoocheld, vervreemd, wanneer hun verwachtingen (genrebewustzijn) doorbroken worden. Met andere woorden, genres en subgenres functioneren steeds met betrekking tot het geheel van de andere genres op een bepaald moment in de geschiedenis. Zoals in de literaire historiografie opteert men daarom meer en meer voor een functioneel-systemische aanpak. Groepen van teksten worden beschreven in hun synchronische en diachronische relaties met elkaar en met 'andere' (al of niet gecanoniseerde) teksten. Men krijgt aldus oog voor de veranderlijkheid zelf van de genrecategorieën en genregrenzen. En dat is nodig ook, want een allesomvattende genretheorie zou tegelijkertijd niet alleen de genres zelf en hun afbakeningen moeten verklaren, maar ook hun evolutie en instabiliteit. Als het waar is dat genres verschijnen, veranderen en weer verdwijnen, dan is het belangrijk om de principes van die verandering te onderzoeken. Zulks kan ons inziens het best binnen een visie op literatuur als een 'polysysteem' van groepen van teksten, dat wil zeggen 'subsystemen' die door interacties en conflicten een overheersende positie willen behouden respectievelijk veroveren. De grenzen van dit systeem zijn 'open', zodat van buitenuit (bijvoorbeeld nietliteraire teksten op een bepaald moment in de geschiedenis) impulsen kunnen komen die het hele systeem doen veranderen, terwijl ook binnen het 'literaire' systeem verschuivingen kunnen optreden met betrekking tot het accepteren van bepaalde 'lagere' vormen van literatuur (zogenaamde triviaalliteratuur). Het is deze interactie tussen de literatuur en de niet-literatuur of de anti-literatuur, die geleid heeft naar een nieuwe discussie over de genres waarbij de veranderende grenzen tussen de diverse 'velden' (zie hierboven bij Bourdieu) van decisief belang kunnen zijn. Een voorbeeld mag dit verduidelijken. In hun *Theory of Literature* (1948: ch. 16) omschrijven Wellek & Warren de romantische griezelroman als volgt: „The *gothic novel* (...) is a genre by all the criteria one can invoke for a prose-narrative genre: there is not only a limited and continuous subject matter or thematics, but there is a stock of devices (descriptive-accessory and narrative, e.g. ruined castles, Roman Catholic horrors, mysterious portrets, secret passageways reached through sliding panels;

abductions, immurements, pursuits through lonely forests) there is still further a *Kunstwollen*, an aesthetic intent, an intent to give the reader a special sort of pleasurable horror and thrill ('pity and terror' some of the Gothicists may have murmured)." In deze omschrijving komen duidelijk thematiek, procédés en vertelperspectief aan bod en er wordt perfect weergegeven wat er in de hoogtijd van het genre, namelijk tussen 1790 en 1820, als karakteristiek voor *the gothic* werd ervaren, ook al was het prototypische genreconcept (Walpoles *The Castle of Otranto*, 1764) duidelijk verschoven naar de succesromans van Ann Radcliffe *(The Mysteries of Udolpho,* 1794 en *The Italian,* 1797). De toenmalige creatieve receptie (imitaties zowel als parodieën zoals Jane Austens *Northanger Abbey)* getuigt hiervan. Maar als men aan het einde van de twintigste eeuw vraagt naar prototypische voorbeelden van de griezelroman, dan krijgt men gegarandeerd twee titels te horen die qua verhaalstructuur en traditionele thematiek weinig of niets met het toenmalige genre te maken hadden, namelijk *Frankenstein* (1818) van Mary Shelley en *Dracula* (1897) van Bram Stoker. De twintigste-eeuwse verfilmingen hebben aldus het prototype van het genre grondig gewijzigd.

Uit het bovenstaande voorbeeld mag blijken dat genres steeds functioneren met betrekking tot het geheel van andere genres op een bepaald moment in de geschiedenis. Een functioneel-systemische aanpak is dan ook aangewezen om oog te krijgen voor de veranderlijkheid zelf van de genrecategorieën en genregrenzen. Die veranderlijkheid kan worden veroorzaakt door interne procédés van gewenning en vervreemding (bijvoorbeeld via parodiëring), maar eveneens door institutionele factoren (uitgevers, critici) en impulsen aan de rand van het systeem (verfilmingen, bewerkingen voor de jeugd) die mede de herkenbaarheid van een genre bepalen. In een dergelijk perspectief wordt het dan ook vrij marginaal en futiel om louter met behulp van formele en/of inhoudelijke criteria te trachten om diverse genres te beschrijven of van elkaar af te bakenen. Genrekwesties reveleren in de grond heel wat anders, namelijk het concept van een literair teksttype in de socio-culturele context van een bepaalde periode waarop dit soort tekst/discours een antwoord is.

Tekstinterpretatie

Een tweede facet van de literatuurstudie dat wij hier kort zouden willen behandelen, is het probleem van de tekstinterpretatie of de zogenaamde 'literaire kritiek.' Het interpreteren van afzonderlijke literaire teksten (gedichten, verhalen, toneelstukken, enzovoort) vormt ongetwijfeld een intens beoefende en prominente tak van de literatuurstudie. Toch zijn heel wat onderzoekers niet meteen geneigd om dit type van benadering tot de literatuurwetenschap als zodanig te rekenen; het gebruik van een term als 'literaire kritiek' – ook in handboeken en overzichten van de discipline – is in dit opzicht reeds symptomatisch.

Voor die afwijzende, of op zijn minst toch schroomvallige houding worden hoofdzakelijk twee soorten argumenten aangevoerd. Enerzijds lijken uitspraken over concrete literaire teksten moeilijk te verenigen met de wetenschappelijke eisen van algemeenheid, objectiviteit, toetsbaarheid en voorspelbaarheid. Anderzijds is er het problematische onderscheid tussen analyse, interpretatie en evaluatie, niveaus die bij de bespreking van literaire teksten nogal eens door elkaar lopen.

Gedurende lange tijd maakte het schrijven over literatuur trouwens deel uit van het literaire systeem zelf en is van een min of meer wetenschappelijke belangstelling nauwelijks sprake. Vooraanstaande literatoren wijdden beschouwingen aan eigen en andermans werk, onder meer in de vorm van recensies en (al dan niet polemische) poëticale stellingnamen.

Doorgaans ging het hierbij om vrij disparate en intuïtieve opmerkingen met een uitgesproken persoonlijk en evaluatief karakter; het kwam er vooral op aan de grootsheid, de thematiek en de verbale kracht van de oorspronkelijke tekst aan te voelen en op de lezer over te brengen. Mede daardoor was de stilistische afstand tussen literaire tekst en commentariërende metatekst meestal erg miniem.

Geleidelijk aan ontstaat dan, met het positivisme en de *Geistesgeschichte,* meer aandacht voor de literaire tekst als een wetenschappelijk onderzoeksobject. Toch blijft het aanvankelijk gaan om een benadering waarbij de tekst hoofdzakelijk als een middel wordt opgevat en niet zozeer als een doel op zich. Het positivisme zoekt een causale samenhang tussen het werk en de biografie van de auteur en de werkelijkheid, en hanteert (fragmenten van) literaire teksten als schakels in een alomvattende keten van oorzakelijke relaties. De *Geistesgeschiche* bestudeert, vooral onder impuls van de filosofische opvattingen van Wilhelm Dilthey en met Korffs *Geist der Goethezeit* (1920-50) als absoluut hoogtepunt, het literaire werk als een innerlijke beleving en als uitdrukking van de tijdsgeest.

Pas met de 'autonomiebewegingen' wordt, vanaf de jaren twintig, de klemtoon van het onderzoek echt gelegd op de literaire tekst als zodanig, als een specifieke verbinding van vorm en inhoud en als een esthetisch object. Diverse bewegingen als het Russische formalisme (Viktor Sklowsky, Roman Jakobson), het Praagse structuralisme (Jan Mukařovsky), de Duitse *Werkinterpretation* (Wolfgang Kayser, Emil Staiger), de Franse *explication de texte* en het Anglo-Amerikaanse *New Criticism* (William Empson, Cleanth Brooks) worden – ondanks duidelijke onderlinge verschillen – alle gekenmerkt door eenzelfde concentratie op de literaire tekst als een eigenzinnige, complexe taal- en betekenisstructuur.

Vatten de Russische formalisten (in een latere fase) en vooral de Praagse structuralisten de literaire tekst op als een gegeven dat pas tot stand komt en betekenis krijgt in een ruimere literair-historische, maatschappelijke en communicatieve context, dan verschuift vooral in het Angelsaksische taalgebied de aandacht naar de tekst als een op zich staand gegeven dat zijn specifiek statuut mede in niet onbelangrijke mate ontleent aan het fictionele, niet-referentiële karakter van de mededeling. Tegenover de overwegend inhoudelijke aanpak van het positivisme en de *Geistesgeschichte* stelt men hier de analyse en beschrijving van de tekst zelf en de mechanismen waarop hij is gebaseerd centraal. In de ogen van de *New Critics* heeft het immers geen enkele zin om de biografische persoon van de auteur, zijn intenties en de ontstaansgeschiedenis van het werk bij de tekstinterpretatie te betrekken. Niet toevallig wordt de literaire tekst in dit type van intrinsieke benadering nogal eens gelijkgesteld met een stolp, een kristal of een bolstructuur vol innerlijke spanningen: beelden die zowel de geslotenheid als de eigen zijnswijze van de literaire tekst onderstrepen. Vooral in kringen van het *New Criticism* – in ons taalgebied vertegenwoordigd door het tijdschrift *Merlyn* (1963-1967) – resulteert deze opvatting in een aantal opmerkelijke analyses, waarin blijk gegeven wordt van een verfijnd inzicht in de opbouw en de betekenisconstitutie van particuliere teksten. Daarbij gaat de voorkeur vooral uit naar relatief korte tekstgehelen (in het bijzonder gedichten) die zich door hun complexe gelaagdheid, hun hermetisme of hun gebruik van metaforen en symbolen uitstekend lenen voor deze methode van *close reading*: nauwkeurig lezen en achterhalen wat er staat. In dit opzicht hangt deze interpretatieve aanpak nauw samen met een specifieke literatuuropvatting die verhalende anekdotiek en verwijzingen naar de werkelijkheid ondergeschikt acht aan taalgerichte en metareferentiële aspecten.

Een enigszins vergelijkbare visie ligt ook aan de basis van het literaire structuralisme, zij het dat hier in veel sterkere mate sprake is van een theoretische en methodologische onderbouw van de analysemodellen. Tegenover de vrij intuïtieve en inductieve benadering van de *close reading* – die er allereerst op gericht is om de eigenheid van elke afzonderlijke tekst zoveel mogelijk in het licht te stellen – gaat de structuralist ervan uit dat het mogelijk moet zijn om de grote diversiteit aan literaire werken te herleiden tot een beperkt aantal basiselementen en combinatieregels, net zoals de grammatica van een taal een oneindig aantal mogelijke zinnen kan beschrijven. Als invloedrijk model gold daarbij de morfologische analyse van Vladimir Propp. Op basis van een representatief corpus beschreef hij de structuur van het wondersprookje als de vaste opeenvolging van een dertigtal (deels obligate, deels optionele) verhaalfuncties met een beperkt aantal personages. Gelijkaardig onderzoek, maar dan op een abstracter niveau, vindt men in de aanzetten tot een omvattende verhaallogica van Claude Bremond, in de narratieve grammatica en het semiotische vierkant van Algirdas J. Greimas en de Parijse School, en in de publicaties van tekstlinguïsten als Teun van Dijk en Janos Petöfi. In elk van deze gevallen gaat het om het opstellen van een algoritmisch model voor de analyse van (literaire) teksten, met voorspellende kracht en reële mogelijkheden tot toepassing en toetsing.

Bij nader toezien roept dat ideaal van een exact wetenschappelijke interpretatie – die zou worden gekenmerkt door exhaustiviteit, systematiek, objectiviteit en een volstrekte anonimiteit – echter een aantal fundamentele vragen op. Niet toevallig is rond de structuralistische modelanalyse van Baudelaires gedicht *Les Chats* door niemand minder dan Roman Jakobson en Claude Lévi-Strauss, een intense discussie ontstaan. Controversiële punten vormen onder meer het probleem van de exhaustiviteit en vooral de relevantie van de onderzochte taal en tekstniveaus, het leggen van homologische verbanden tussen fonische en syntactische structuren enerzijds en betekenisgegevens anderzijds, de vraag naar het objectief-neutrale karakter van de gedane observaties en de daarop gebaseerde interpretaties. Ondanks de belangrijke methodologische en descriptieve verdiensten ervan steunt het structuralistische project blijkbaar uiteindelijk op een soort van theoretische fictie: de definitieve, subjectloze zingeving bestaat immers niet.

Vanaf de jaren zestig is het beeld van de literaire tekst als een autonoom geheel en van de interpretatie als een objectieve beschrijving van de teksteigenschappen (structuren en betekenis) dan ook geleidelijk aan van diverse zijden doorbroken of op zijn minst geproblematiseerd. Roland Barthes' analyse van een kortverhaal van Balzac (*S/Z*, 1970) fungeerde hierbij in meer dan één opzicht als een belangwekkende katalysator. Zo is opnieuw ruimschoots aandacht ontstaan voor de communicatiesituatie die elke tekst omkleedt. De semiotiek vat de literaire tekst niet langer op als een immanent betekenisuniversum, maar veeleer als een knooppunt van diverse codes. Die dragen ertoe bij dat de tekst voor de lezer verschijnt als een zinvol geheel, maar terzelfder tijd wordt de zingeving ook tot op zekere hoogte opengebroken. Enerzijds komt het frequent voor (vooral bij oudere teksten) dat de lezer de gehanteerde codes niet of slechts onvoldoende begrijpt; anderzijds maken literaire teksten niet slechts gewoon maar gebruik van de bestaande codes, maar ondernemen zij ook vaak een poging om die codes te desautomatiseren, te wijzigen of op een verrassende wijze te combineren.

Meteen wordt in dat perspectief het belang duidelijk van de lezer, als diegene die de woorden van de tekst tot leven brengt en zo mee de betekenis constitueert. Daarenboven beperkt de leesact zich doorgaans niet tot het louter passief reconstrueren van een vooraf gegeven betekenis; de lezer treedt ook actief op, hij construeert mee de tekst door impliciete verbanden te leggen of lege plekken op te vullen.

Dergelijke leesstrategieën, en de wijze waarop zij vanuit de concrete tekst worden gesteund en verantwoord, vormen het onderzoeksdomein van de receptie-esthetica.

Andere types van benadering beschouwen de polyvalentie van interpretaties niet zozeer vanuit het standpunt van de lezer en de leesact, maar allereerst vanuit de tekstuele structuur zelf, bijvoorbeeld door de polyfone structuur (Mikhaïl Bakhtin) van bepaalde teksten in het licht te stellen – in een en dezelfde tekst komt een veelheid van relatief onafhankelijke stemmen aan het woord –, of door te wijzen op de intertekstuele dimensie van elke tekst (Julia Kristeva, Paul Claes); iedere tekst is wezenlijk een tekstuur die naar andere teksten verwijst waarvan hij de herhaling, de variatie of de ontwrichting vormt.

Die decentrerende opvatting – waarbij de tekst geen gesloten structuur vormt, maar zich integendeel broksgewijs versplintert en verliest in zovele andere teksten en lecturen – is wellicht het meest radicaal en indringend gedemonstreerd in de deconstructionistische benadering van (literaire) teksten. Hier treffen wij een doorgedreven bezinning aan op de tekstualiteit en de retorische opbouw van tekststructuren, de materialiteit die ogenschijnlijk gegeven betekenissen ontkracht, de onbeslisbaarheid van interpretaties, de onvermijdelijke dialectiek van zingeving en zinverlies. Het zijn strategieën die – vaak in combinatie met inzichten uit de psychoanalyse, het marxisme en het feminisme – momenteel in de literatuurstudie opgang maken, al stelt men merkwaardig genoeg vast dat zij eveneens bijdragen tot een heropleving van een (vernieuwde) hermeneutiek.

Zonder te vervallen in het essentialisme van de traditionele hermeneutiek, gericht op dé interpretatie van een werk, gaat men precies op zoek naar de singulariteit en 'weerstand' van een tekst. In een soort post-romantische reflex pretendeert de deconstructie iets op het spoor te zijn waarvoor in een objectiverende, zogenaamd wetenschappelijk beschrijvende benadering nauwelijks nog plaats overblijft en dat toch de specifieke aandacht van de literatuuronderzoeker waard is.

De voorgaande beschouwingen illustreren duidelijk hoe de literatuurwetenschap in haar relatief korte geschiedenis niet gekenmerkt wordt door een welomschreven methodologie en volstrekt coherente onderzoeksresultaten. Haar vrij verregaande pluralisme vloeit voort uit zowel de structurele complexiteit en singulariteit van het onderzoeksobject zelf als uit de veranderende inbedding van literaire teksten in de cultuur. Globaal gezien kan men wel in diverse opzichten een groeiende aandacht vaststellen voor de literaire tekst als een communicatieverschijnsel dat intertekstueel, contextueel en institutioneel verankerd zit in de cultuur. Deze zienswijze resulteert in een beschrijvend-analyserende en meer historiserende aanpak die de feitelijke literaire situatie – het literaire 'feit' om met Jurij Tynjanov te spreken – onderzoekt in plaats van uit te gaan van *a priori* normen en selectiemechanismen. Enerzijds leidt dit tot een aanmerkelijke verruiming en meteen ook een kritische bevraging van het onderzoeksveld van de literatuurwetenschap (denken we maar aan de gespannen relatie met de *cultural studies*); maar anderzijds stelt een dergelijke werkwijze de onderzoeker in staat om literaire fenomenen te 'plaatsen' in de cultuur waaraan zij hun functie ontlenen. De interpretatie van literaire werken, wil zij 'wetenschappelijk' genoemd worden, zou deze spanningsverhouding, die constitutief lijkt te zijn voor het literaire 'feit', voortdurend voor ogen moeten houden.

DE UTOPIE VAN EEN OMVATTENDE LITERATUURGESCHIEDSCHRIJVING.

Of hoe het zou moeten kunnen en toch niet echt kan ...[1]

Niemand zou durven ontkennen dat er de laatste decennia heel wat gebeurd is op het domein van de literatuurgeschiedschrijving. Het belang ervan wordt niet meer in twijfel getrokken zoals weleer. Integendeel, de discipline staat weer midden in het brandpunt van de literair-wetenschappelijke interesse. De zaak is er echter allesbehalve makkelijker op geworden. De reflectie die aan de literaire historiografie als het ware werd opgedrongen, heeft zulke hoge eisen geformuleerd en verwachtingen gewekt, dat 'echte' literatuurgeschiedschrijving een utopische wetenschapsbeoefening dreigt te worden. Het is mijn bedoeling in deze bijdrage de stand van zaken even te schetsen en enkele voorstellen te commentariëren die de laatste jaren her en der zijn uitgeprobeerd.

„Er is geen beter middel om met de problematiek van de term (= literatuurgeschiedenis, VG) vertrouwd te raken dan de geschiedenis te vertellen van de literatuurgeschiedenis", aldus Bomhoff in een overzichtsartikel over het onderwerp[2]. Al ben ik het met die uitspraak niet volkomen eens – de praktijk lijkt me zeker zo efficiënt – toch wil ik Bomhoffs woorden tot

(1) Oorspronkelijke referentie: H. van Gorp, „De utopie van een omvattende literatuurgeschiedschrijving. Of hoe het zou moeten kunnen en toch niet echt kan ...", in *Spiegel der Letteren*, 27:4 (1985), pp. 245-262.

(2) *Moderne Encyclopedie der Wereldliteratuur*, 1e uitgave (1968), lemma 'literatuurgeschiedenis.'

de mijne maken en, bij wijze van aanzet, iets over de recente ontwikkeling van het vak proberen te vertellen.

Mijn verhaal begint in de jaren zestig, tijdens de hoogconjunctuur van de zogenaamde werkimmanente methode. Men had, uit een begrijpelijke reactie op vroegere indigesties, de literatuurstudie reeds geruime tijd op dieet gezet met betrekking tot de historiografie[3]. Aanvankelijk is die dieetkuur overigens heilzaam geweest. Overdreven afslanking blijkt echter niet gezond te zijn. Op de kwaal van het histori(ci)sme volgde algauw een a-historisch formalisme dat de leefbaarheid van de literatuur begon aan te tasten. De reactie kon niet uitblijven. Ze is duidelijk af te lezen uit een van de parameters bij uitstek van het literatuurwetenschappelijk bedrijf: de thema's van de congressen en colloquia in het vakgebied. Van 1963 af, toen Jean Weisgerber op het FILLM-congres in New York een opgemerkt pleidooi hield voor een herwaardering van de literatuurgeschiedschrijving onder de significante titel *Défense de l'Histoire*, is de problematiek van de literaire historiografie niet meer uit de bijeenkomsten van vakgenoten weg te denken. Nieuwe tijdschriften zouden dra volgen, met even significante titels als *New Literary History* (1969). De *apologiae pro historia* culmineerden in een berucht geworden essay van Hans Robert Jauss, waarin hij de literatuurgeschiedenis een provocatie van de literatuurwetenschap noemde. Het werd een requisitoir ten aanzien van het vroegere literair-historisch onderzoek, eis tot herstel incluis.

Laten we zijn betoog even overdoen, maar in een ander referentiekader. Als uitgangspunt nemen we het bekende, wat gesimplificeerde communicatieschema van Jakobson: een auteur zendt een bericht over een deelaspect van de

(3) Zie R. Vervliet, „Literatuurgeschiedschrijving en literatuurwetenschap", in idem, *De literaire manifesten van het Fin-de-Siècle in de Zuidnederlandse periodieken, 1878-1914*, Diss. Gent, 1982, p. 12.

werkelijkheid aan een lezerspubliek via een bepaald kanaal. Nu is het merkwaardig dat de diverse factoren die dit communicatieschema uitmaken om beurten de aandacht van de literatuuronderzoekers gekregen hebben, wat het aanschijn heeft gegeven aan een telkens andere vorm van geschiedschrijving. Eerst, in de negentiende eeuw, maar doorlopend tot in de eerste decennia van de twintigste eeuw en in de praktijk tot op heden – want ook in ons vak speelt de wet van de inertie –: een auteursgerichte historiografie, die meer weg had van een verzameling chronologisch en causaal verbonden bio- en bibliografietjes dan van een geschiedenis van de literatuur. Daarna – ik ga hier voorbij aan de eveneens, zij het anderszins auteursgerichte historiografie van de *Geistesgeschichte* – een meer tekstgeoriënteerde geschiedschrijving, met nadruk op stijl- en vormkenmerken die elkaar, op basis van gewenning en vervreemding, zouden aflossen in een binnen-literaire evolutie. Elders verschenen vormen van marxistisch georiënteerde geschiedschrijving waarbij de ontwikkeling van de literatuur, als onderdeel van de cultuur, in een historisch-materialistisch kader werd geplaatst.

Dat was de stand van zaken toen Jauss als aanklager én pleitbezorger naar voren trad. Hij vroeg aandacht voor een andere, tot dan verwaarloosde factor uit de literaire communicatie, met name de lezer, en herformuleerde een voorstel tot waarderings- of receptiegeschiedenis. Het betrof hier duidelijk een verschuiving van de aandachtspunten tegenover 'wat' in een literatuurgeschiedenis al dan niet aan bod hoorde te komen en 'hoe' dat alles tot een verhaal moest worden gemaakt. De vraag naar het 'wat' bleek immers in de korte geschiedenis van de literaire historiografie telkens weer anders te zijn beantwoord: auteurs, teksten, sociale gegevens..., en de selectie binnen die onderscheiden domeinen bleek al even discutabel: wie zijn de belangrijkste auteurs, wat zijn historisch waardevolle teksten, welke zijn de ingrijpende sociale fenomenen?

Dit 'wat' – het materiaal voor een literatuurgeschiedenis – moest dan ook nog worden geordend tot een samenhangend verhaal. Hoe konden die duizenden auteurs, teksten of gebeurtenissen met het nodige reliëf aan elkaar worden gerelateerd zodat ze reeksen gingen vormen? En ook hier, wat de ordening betrof, liepen de wegen uiteen: in de traditionele literatuurgeschiedenissen werd het beginsel van de organische evolutie het meest gehanteerd en toegepast, zowel op het oeuvre van een auteur als op ontstaan, bloei en verval van een genre of literaire stroming[4]; positivistische literatuurgeschiedschrijvers hebben deze 'biologische' ordening in alle mogelijke vormen uitgeprobeerd. Hun verhaal kreeg samenhang deels op grond van hiërarchische verhoudingen tussen individuele schrijvers of groepen van auteurs, deels op grond van het principe van een organische, op en neer gaande beweging (causaliteit, lineariteit, continuïteit). In de tekstgerichte geschiedschrijving werd veeleer een conflictmodel gebruikt, gebaseerd op de beginselen van 'nieuwheid' en 'breuk' (Tynjanov). Maar de moeilijkheden om bepaalde verschijnselen te verklaren werden er niet geringer om: hoe het afwijkende uitzetten tegenover het 'normale' (= volgens de norm geschrevene), en vooral, hoe, onder zo'n orderningsprincipes, aan de gelijktijdigheid van heel verschillende stijlen en structuren recht laten wedervaren[5]? Hoe, ten slotte, in zo'n conflictmodel, de precieze grenzen leggen tussen en de richting bepalen van oud en nieuw, continuïteit en aflossing? Voor de

([4]) Ik denk hier, voor de negentiende eeuw, vooral aan in het Duitse taalgebied gangbare termen als vroeg-Romantiek, hoog-Romantiek en laat-Romantiek. In de eerste editie van Knuvelders *Inleiding tot de Nederlandse Letterkunde* (1945) vindt men deze terminologie nog terug. Jos Gielen van zijn kant spreekt in zijn *Handleiding bij de Studie van de Nederlandse Letterkunde* (Purmerend 1936) van vroeg-Romantiek en bloei der Romantiek.

([5]) In de *Histoire littéraire de la France* (red. P. Abraham en R. Desné) wordt in die zin gesproken van „les romantismes": deel 7 (1794-1830), p. 349 sq.

marxistisch geïnspireerde, context-gerichte historiografie stelde het probleem zich blijkbaar niet zo scherp: de klassenstrijd fungeerde er als enig zaligmakend referentiekader en als belangrijkste waardenmeter.

In vele studies over periodes en stromingen bleek het te ordenen materiaal overigens weerbarstiger dan men dacht. Temeer daar men zich allengs sterker bewust werd van de wezenlijke historiciteit van de literatuur. De vragen naar 'wat' opnemen (wat is literatuur? wie is een belangrijk schrijver?...) en hoe ordenen (naar continuïteit, conflict of referentialiteit?) werden alsmaar complexer doordat ze gerelateerd waren aan verschillende opvattingen over literatuur in verschillende periodes met betrekking tot verschillende genres en verschillende taalgebieden. Met die relativering van het begrip 'literatuur' – dat wil zeggen met het in relatie brengen van literaire verschijnselen met factoren als tijd, plaats en functie binnen het ruimer geheel van de cultuur – werd de focus geleidelijk aan verlegd naar normen en waarden: de receptie en distributie van teksten, het lezerspubliek en de vele intermediaire instanties gingen nu een centrale rol spelen. Het is dan ook vanuit het onderzoek van lezers en bemiddelende instanties als critici, bewerkers, drukkers en uitgevers, dat de belangrijkste voorstellen voor een vernieuwde literatuurgeschiedschrijving werden gedaan[6]. We vermelden als meest in het oog springende aandachtspunten, die overigens alle met elkaar te maken hebben:

– onderzoek van geprivilegieerde, geïntendeerde en reële lezers;

([6]) Ik verwijs bijvoorbeeld naar de recente Franse literatuurgeschiedenissen *Littérature Française* (collection dirigée par Claude Pichois; ed. Arthaud) en *Histoire Littéraire de la France* (cf. noot 4) en naar de in het Duitse taalgebied sinds 1979 opgezette *Sozialgeschichte der deutschen Literatur*.

– onderzoek van literatuuropvattingen en van wat Oversteegen „poëticale zuilen”[7] genoemd heeft;
– onderzoek naar dominante periodecodes;
– onderzoek naar de functie van literaire teksten in hun historische context;
– onderzoek, geïnspireerd door sociologische contact- en conflictmodellen, van literaire systemen en subsystemen in hun productie, traditie en import.

Ik zou daarom, tegen de achtergrond van deze elkaar ten dele overlappende aandachtspunten, een drietal voorstellen willen toelichten die nieuwe perspectieven bieden voor een literaire historiografie. Ik noem ze overzichtelijkheidshalve – maar wat zegt een naam: 1. Receptie-gerichte literatuurgeschiedschrijving of waarderingsgeschiedenis, 2. Functiegerichte literatuurgeschiedschrijving of functiegeschiedenis, en 3. Interactie-gerichte literatuurgeschiedschrijving of systeemgeschiedenis. Ik wil er duidelijkheidshalve op wijzen dat het hier niet om echte alternatieven gaat, maar veeleer om deels gelijklopende richtingen, die hier en daar een ander accent leggen[8]. Ik zal deze voorstellen telkens eerst omschrijven, ze vervolgens illustreren met recent onderzoek en ze ten slotte toetsen op hun mogelijkheden en grenzen.

(7) J.J. Oversteegen, „In puinhopen…[recensie Anbeek]”, in *De Nieuwe Taalgids,* 76 (1985), p. 174.

(8) De verwevenheid van receptie-, functie- en interactie-gericht onderzoek blijkt overigens uit een uitspraak van H.R. Jauss, gangmaker van de receptie-esthetica: „Literaire *productie* en literaire *consumptie* zouden zich als *parole* en *langue* moeten verhouden; het zou dan ook mogelijk moeten zijn de geschiedenis van een literair *systeem* in een reeks synchrone doorsneden te vatten en de loutere opeenvolging van autonome werken en werken die elkaar ‘beïnvloeden’ over te brengen naar een *structurele* geschiedenis van de literatuur en haar *functies*” (H.R. Jauss, „Geschiedenis en kunst”, in *Tekstboek Algemene Literatuurwetenschap*, Baarn, Ambo, 1977, p. 275; onze cursivering).

Receptie-gerichte literatuurgeschiedschrijving

Het is, zoals men weet, Hans Robert Jauss geweest die de vernieuwing op dit terrein op gang heeft gebracht met zijn ophefmakende studie: *Literaturgeschichte als Provokation der Literaturwissenschaft* (1967). Echt 'nieuw' kan men de 'thesen' die hij erin ontwikkeld heeft bezwaarlijk noemen: ze continueren immers bij nader toezien een aantal opvattingen terzake van het Praagse structuralisme (Mukařovsky en vooral Vodičkà). Daar lezen we reeds dat het de voornaamste taak van de literatuurhistoricus is te proberen de evoluerende normensystemen te reconstrueren en aldus na te gaan hoe literaire werken (*artefacten*) als esthetisch object werden geconcretiseerd in de loop der geschiedenis. Naast de immanent-literaire ontwikkeling – een erfenis uit het formalisme – werden ook de weerslag van de extra-literaire tendensen op de evolutie van de literatuur en de receptie van literaire werken door het lezerspubliek tot onderzoeksobjecten van de literaire historiografie bestempeld. De reconstructie van de literaire normen in hun historische dimensie werd zo een primordiale taak voor de literatuurhistoricus. Jauss heeft deze ideeën op provocerende wijze doen inslaan.

In theorie lijkt het allemaal wel mooi, maar de praktijk van zo'n waarderingsgeschiedenis is een andere zaak. Tijdens een colloquium te Leuven (1981) over mogelijkheden en grenzen van het receptieonderzoek[9] werden de voornaamste 'pijnpunten' op een rijtje gezet. Vooreerst de essentiële plaats van 'lectuur' (alle vormen van triviaalliteratuur of paraliteratuur zoals detectives, politieromans, schriftromans, jeugdliteratuur

(9) H. van Gorp, R. Ghesquiere & R. T. Segers (red.), *Receptie-onderzoek, Rezeptionsforschung,* Leuven, Acco, 1981, pp. 22-24. Zie hierin ook de bijdrage van E. lbsch, „Receptie-onderzoek en literatuurgeschiedenis", pp. 31-52.

en noem maar op) in zo'n waarderingsgeschiedenis. Verder het twijfelachtige statuut in zo'n receptie-onderzoek van het concept zelf van een nationale, duidelijk uit een romantische, auteursgerichte literatuuropvatting stammende literatuurgeschiedenis, vermits men vaak meer vertaalde werken dan eigen productie leest. Receptie, zo bleek bovendien alras uit tal van onderzoeken, was een te vaag en te complex begrip om er 'zo maar' een literatuurgeschiedenis op te bouwen. Immers, diverse vormen van receptie liepen/lopen niet steeds parallel of concentrisch, en het lezerspubliek is niet zo homogeen als men wel dacht: naast een groep van geprivilegieerde lezers, vaak met een bemiddelende functie (critici, recensenten, onderwijsmensen, bibliothecarissen) zijn er de geïntendeerde en vooral de feitelijke lezers waar men niet zo makkelijk zicht op krijgt. De metateksten die bij dergelijk onderzoek gewoonlijk worden aangedragen, zijn niet voor al die groepen even sprekend. Overigens kan men het statuut en de betekenis van deze metateksten vaak twijfelachtig noemen. Ten slotte rijst het onoverkomelijk probleem van de gelijktijdigheid van verleden en heden vanuit de receptie gezien: Goethe en Shakespeare worden er namelijk tijdgenoten van bijvoorbeeld Grass en Bellow, en Cats verschijnt in die optiek als één van onze belangrijkste negentiende-eeuwers. De literatuur uit het verleden staat immers naast latere en hedendaagse schrijvers op de boekenplanken van onze bibliotheken.

Ik zou één van bovengenoemde pijnpunten, de metateksten, even willen illustreren aan aan de hand van het recentelijk erg in zwang gekomen tijdschriftenonderzoek, waarvan voor de negentiende eeuw het terrein nu pas systematisch ontgonnen wordt[10]. Tijdschriften worden mijns inziens terecht

([10]) Cf. bijvoorbeeld de studies van Vervliet (noot 3) en Vlasselaers (noot 19) en het recente *Hoofdstukken uit de Geschiedenis van de Vlaamse letterkunde in de 19de eeuw*", deel 1, onder redactie van Ada Deprez, Walter Gobbers en Karel Wauters (Gent, Koninklijke Academie voor Nederlandse Taal- en letterkunde, 1999).

als een der belangrijkste parameters van het literaire leven beschouwd, al mag men ook niet te vlug veralgemenen. Ze bieden vaak een verzameling van diverse soorten metateksten: aankondigingen en recensies van te verschijnen of pas verschenen literatuur, informatie over literaire prijzen, colloquia, congressen, enzovoort, terwijl polemieken, manifesten en andere strijdschriften evenmin ontbreken. Als ergens literaire normen te vinden zijn buiten de poëticale handboeken – en die volgen gewoonlijk op grote afstand – dan hier. Maar bij het onderzoek is voorzichtigheid geboden, want er staat niet altijd wat er staat. De 'feiten' die men er leest, zijn immers zelf interpretaties die op hun beurt moeten worden geïnterpreteerd. Het wordt dan ook erg moeilijk ze steeds juist in te schatten. De poging van Anbeek en Kloek voor de jaren 1879-1887[11] lijkt mij in dit opzicht verhelderend. Hun onderzoeksresultaten wijken namelijk hier en daar af van de resultaten die wij met een groep studenten te Leuven in een (nog niet gepubliceerd) analoog onderzoek voor een vergelijkbare periode hebben bekomen. En dit niet alleen omdat ook andere (meer Vlaamse) tijdschriften in het onderzoek werden betrokken, maar ook omdat door de aanwending van een ietwat uitgebreider analysemodel, waarin ook vragen naar genre, functie en periodebewustzijn waren opgenomen, soms andere interpretaties werden gegeven aan dezelfde metateksten. De kritiek van Schenkeveld op Anbeeks onderzoek[12] gaat in dezelfde richting. Dit is geen afwijzing van tijdschriftenonderzoek. Integendeel. Maar de praktijk maant tot voorzichtigheid. Wellicht kan de toetsing en uitwisseling van analysemodellen voor diverse metateksten bijdragen tot

([11]) T. Anbeek & J. Kloek, „Van idealisme naar naturalisme. Een onderzoek naar de romankritiek tussen 1879 en 1887", in *De negentiende eeuw,* 5 (1981), pp. 3-29.

([12]) *Tijdschrift voor Nederlandse Taal- en Letterkunde,* 99 (1983), pp. 62-67.

geloofwaardiger onderzoeksresultaten. Ik denk dat wij die weg moeten gaan, want via tijdschriftenonderzoek krijgen wij vaak een verhelderende kijk achter de coulissen, een kijk op vigerende literaire opvattingen, normen en waarden. Het ligt dan ook voor de hand dat, wil men periodes in de literatuurgeschiedenis karakteriseren en dus periodecodes reconstrueren, men er niet aan voorbijkan, althans niet sinds de achttiende eeuw.

Toch is zulk onderzoek niet dé oplossing. Men vergeet wel eens dat naast de metateksten ook de literaire teksten zelf moeten worden onderzocht en hun functie in het extraliteraire veld. Als men weet wat zulks inhoudt voor één enkel jaar (ik refereer hier aan Jauss' studie over 1857 in de Franse literatuur), dan kan men rustig stellen dat een omvattende receptiegeschiedenis voor een langere periode onbegonnen werk is. Temeer daar men op grond van partiële onderzoeken al gauw tot het inzicht komt dat zelfs kleinere periodes niet eenstemmig een dominante code laten zien, maar veeleer een samenspel van codes die op verschillende deelgebieden van de literatuur (onder meer in verschillende literaire genres) competitief en conflictueus met elkaar om de overhand strijden of gewoon naast elkaar verder lopen. Periodisering wordt in die optiek nog hachelijker dan zij al was. Terwijl de traditionele literatuurgeschiedschrijving nog dacht, op basis van auteursintenties, tekstkenmerken en/of realismekwaliteiten, een vrij homogeen en statisch periodeconcept te kunnen abstraheren, heeft het receptie-onderzoek ons ook op dit stuk een illusie armer gemaakt. In de praktijk van de literatuurgeschiedschrijving wordt dan maar van de nood een deugd gemaakt en uit de geconstateerde meervoudigheid en polariteit van codes, ter wille van het verhaal, een bepaalde code als dominant naar voren gehaald, die men dan met op analoge wijze verkregen dominante codes van vroegere en latere periodes in een diachronisch verband van continuïteit of aflossing tracht te plaatsen. Dat is nu eenmaal het lot van de literatuurhistoricus. Wil hij een verhaal brengen, dan zal hij hoe dan ook een aantal conflicten of nuances moeten verdoezelen om een lijn te trekken. Het voorbeeld van Anbeek voor het idealisme in de negentiende eeuw kan ook hier verhelderend werken. Geïdealiseerd realisme wordt terwille van het verhaal algauw idealisme *tout court* omdat dit tot omstreeks 1885 de dominante code blijft. Iets gelijkaardigs gebeurt in de „Inleiding tot de negentiende-eeuwse Vlaamse literatuur" van Walter Gobbers, met dit verschil dat de hele periode 1815-1886 hier in het teken wordt geplaatst van de Romantiek[13]. Nogmaals, dit is geen verwijt. Men kan niet anders. Men kan alleen maar hopen op grond van deelonderzoeken de dominanties en cesuren zo gemotiveerd mogelijk aan te brengen. Overigens dient men er zich bij neer te leggen dat elk bouwsel, zo men het echt wil, kan worden 'gedeconstrueerd' en dat met tegenvoorbeelden steeds contradicties kunnen worden blootgelegd of andere accenten geplaatst.

Tot zover de mogelijkheden en vooral de grenzen van een receptie-gerichte historiografie, getoetst aan tijdschriftenonderzoek en pogingen tot reconstructie van periodecodes. Biedt een functie-gerichte literatuurgeschiedschrijving, overigens sterk aan het receptie-onderzoek gerelateerd, een echt alternatief?

Functie-gerichte literatuurgeschiedschrijving

Het functiebegrip dat in dit alternatief voorstel gehanteerd wordt, ontlenen wij aan de Duitse socioloog Norbert Elias[14].

(13) W. Gobbers, *Inleiding tot de negentiende-eeuwse Vlaamse literatuur* [voorpublicatie], Antwerpen, Standaard, 1983, p. 111. Hetzelfde gebeurt in de reeks *Littérature Française* van Cl. Pichois.

(14) N. Elias, *Wat is Sociologie* (1971). Zie ook P. Couttenier, „Functionalisme en literatuursociologie", in *Spiegel der Letteren*, 12:3/4 (1980), pp. 234-248.

De basis van Elias' maatschappijmodel is, wat hij noemt, interdependentie of onderlinge afhankelijkheid. De samenleving, zo stelt hij, is een vlechtwerk van menselijke relaties, een spel waarin de onderlinge afhankelijkheid van de spelers tot uiting komt. Literatuur is ook zo'n spel, een stuk maatschappij waarin menselijke relaties en processen worden uitgedrukt. Via literaire teksten stoot men op onderlinge verbondenheden tussen mensen: auteurs, lezers, toehoorders, voor- en tegenstanders. Literatuur is aldus functioneel: zowel functie van bestaande menselijke relaties (condities) als functie voor (effecten) bepaalde individuen (ik-functie) of groepen (wij-functies en zij-functies). Die functies mogen niet herleid worden tot òf bevestiging òf verandering van het geheel, maar moeten steeds in relatie tot onderdelen van de samenleving (bijvoorbeeld bepaalde groepen lezers) worden gedacht. Overigens kunnen de functies van literaire werken ook veranderingen en verschuivingen ondergaan, net zoals de geïntendeerde lezers voor wie een bepaalde vorm van literatuur kan functioneren. Het functioneren van literatuur wordt zo gezien als een soort verwerking, een herordening, via vorming, behoud of verandering, van normen (sociale normen, literaire tradities, genrevoorschriften). Maar, zo voegt Elias eraan toe, die herordening van genormeerde interacties tussen mensen is telkens slechts functioneel voor bepaalde groepen. Tot daar een summiere omschrijving van het functiebegrip bij Elias.

Tegen de achtergrond van dit functionalisme, dat duidelijk raaklijnen vertoont met het sociologisch receptie-onderzoek (voor welke groep lezers zijn welke teksten emanciperend, vreemd of kitscherig?), moet de opvatting van Herman Pleij worden gezien dat een van de doelstellingen van de literatuurhistoricus dient te zijn: „het doen van uitspraken over de functie van teksten in een historisch veranderingsproces"[15], dus het

(15) H. Pleij, *De wereld volgens Thomas van der Noot*, Muiderberg, Coutinho, 1982, p. 13.

reconstrueren van de functie van literaire teksten voor het beoogde en feitelijke publiek. Het is duidelijk dat zo'n functionele aanpak, in aanvulling op louter receptie-onderzoek, ook de teksten zelf (elke tekst bevat impliciet of expliciet reminiscenties aan andere teksten en heeft aldus een zekere metatekstuele functie; elke tekst refereert daarenboven rechtstreeks of indirect aan de historische context waarin hij is ontstaan) en de producerende en bemiddelende instanties (auteur, opdrachtgever, drukker, uitgever, bewerker...) moet onderzoeken. Want de functionering van een tekst ligt precies, zoals Pleij het gevat uitdrukt, „in het spanningsveld van ambities, verwachtingen en waarderingen" (p. 15).

Met betrekking tot oudere literatuur zijn harde bewijzen hier nauwelijks te geven, maar een aantal indicaties kunnen ons toch op weg zetten om zo'n functionering te reconstrueren. Interessante aanwijzingen in verband met intenties van auteurs en het effect op de lezer kunnen bijvoorbeeld in de eerste plaats worden opgespoord in prologen en opdrachten, op titelpagina's en colofons en natuurlijk ook in epilogen. Verder kunnen ook bewuste toevoegingen, weglatingen of veranderingen bij het bewerken van teksten significant zijn. Ten slotte kan ook de tekstkeuze (welke teksten worden bewerkt en uitgegeven en welke niet) indicaties verschaffen. Men dient hier echter steeds voorzichtig te werk te gaan, en „alle clichés en retorische versieringen"[16] van die uitspraken af te schrapen. Overigens zal zo'n reconstructie steeds voorlopig en veranderlijk blijven en nooit als een echte hypothese wetenschappelijk kunnen worden getoetst (Pleij 1982:58).

Voor latere periodes zoals de negentiende eeuw kan een aantal gegevens wat harder worden gemaakt voor de functionering van literatuur in haar historische context. Denken

([16]) B. Stumpel, „Over de receptie van gedrukte teksten in de late Middeleeuwen", in H. van Gorp *e.a.* (red.), *o.c.*, pp. 53-63, p. 60.

wij bijvoorbeeld aan de rol van de *contrefaçon* in België, aan de naast elkaar lopende circuits van Vlaamse en Franstalig-Belgische uitgevers (wat geven ze uit; voor welk publiek; wat ontbreekt in hun aanbod? enzovoort)[17], aan de literaire infrastructuur van onderwijs, pers, verenigingsleven, bibliotheekwezen en tijdschriftenbestand, in één woord aan al wat te maken heeft met „les conditions de la production littéraire"[18].

Houden wij het weer even bij het tijdschriftenonderzoek. Het kan ook op functioneel vlak interessante dingen reveleren. Joris Vlasselaers heeft een dergelijk onderzoek – zij het niet in het kader van een sociologisch onderzoeksmodel, maar veeleer in een 'systemische' optiek (zie hierna) – opgezet voor de Vlaamse tijdschriften tussen 1840 en 1893. Hij komt daarin tot de conclusie dat in die periode de Vlaamse letterkunde „als een 'volkse' letterkunde (werd) opgevat, zowel wat de thematiek, de artistieke technieken als wat de verspreidingsvormen en -middelen betreft". „Deze oriëntering", zo heet het verder, „wordt gedragen door de dominante nationale en didactisch-beschavende functies die de literatuur vanuit haar socio-culturele context

([17]) Wat betreft drukkers en uitgevers in Vlaanderen, zie L. Simons, *Geschiedenis van de uitgeverij in Vlaanderen. Vol. 1: negentiende eeuw*, Tielt, Lannoo, 1984.

Aan de KU Leuven is in 1984 een project opgezet rond de literatuurgeschiedschrijving in België sinds 1830. De voorlopige onderzoeksresultaten in verband met de Franstalige en Vlaamse uitgeverijen zijn bijzonder interessant.

([18]) Zie de inleidende hoofdstukken in de *Histoire litéraire de la France* (noot 4), waarin met betrekking tot de negentiende eeuw gesproken wordt over „l'enseignement et ses modèles culturels", „l'évolution de la presse", „le livre et la lecture", „institutions et marchés", enzovoort. In het 9de deel van de *Geschiedenis van de Letterkunde der Nederlanden* wijdde J. M. A. Asselbergs in een kort slothoofdstuk reeds enkele bladzijden aan literatuuronderwijs, journalistiek en beroepsorganisatie.

meekrijgt. Elke andere functie wordt aan deze beide dominanten ondergeschikt gemaakt"[19].

Hoe is dergelijk functie-gericht onderzoek in de literatuurgeschiedschrijving nu te beoordelen? De moeilijkheden die we bij het receptie-onderzoek hebben gesignaleerd, zijn hier even groot, indien niet groter. Immers, productie, distributie en receptie moeten in deelonderzoeken worden nagegaan en in een breder historisch kader geplaatst. De mogelijkheden zijn anderzijds, precies door de correctie op een eenzijdig receptie-onderzoek, even reëel, indien niet reëler. Zoals Vlasselaers aantoont: precies door de focus op de literaire functionaliteit te richten kan men bepaalde periodes in de ontwikkeling van de literatuur duidelijker van elkaar afgrenzen. De ommekeer bijvoorbeeld in de Vlaamse letterkunde van de jaren tachtig van vorige eeuw is in dit opzicht typerend: de voorstanders van het modernisme verzetten zich tegen de tot dan dominante nationale en didactisch-beschavende functies van literatuur en propageren een esthetisch formalisme. En de breuklijn blijkt heel wat dieper en breder dan in traditionele literatuurgeschiedenissen, die zich hoofdzakelijk op de bellettristische productie richten, naar voren komt.

Interactie-gerichte literatuurgeschiedschrijving

Receptie- en functie-gericht onderzoek hebben er de *would-be* geschiedschrijver meer en meer bewust van gemaakt dat hij het hele literaire circuit, van productie over distributie

([19]) J. Vlasselaers, *De literair-esthetische en literair-theoretische opvattingen in de Vlaamse tijdschriften, 1840-1893. Aanzet tot de reconstructie van een literaire code.* Diss. Leuven, 1980, p. 320; nadien verschenen onder de titel *Literair bewustzijn in Vlaanderen 1840-1893. Een codereconstructie*, Leuven, U.P. Leuven, 1985, p. 261.

naar receptie in alle mogelijke vormen van tekstverwerking in ogenschouw zou moeten nemen. De aandacht verschoof aldus van afzonderlijke factoren (auteur, tekst, context of lezer) naar de interactie van die verschillende factoren, of beter naar diverse vormen van interacties, waardoor een literatuur in een bepaalde periode en in een bepaald taalgebied zich als een systeem gaat gedragen. Vandaar de in gebruik gekomen naam: systeemtheorie.

De systeemtheorie is net als de receptietheorie een wat laat opgedoken erfgenaam van een bijgestuurd formalisme en structuralisme (Tynjanov, Mukařovsky, Slawinsky...). Zij is gebaseerd op de stelregel dat elk onderzoek van literaire feiten een studie impliceert van de relaties van die feiten met het literaire systeem en met de andere betekenende systemen die de cultuur uitmaken. Dit semiotisch uitgangspunt houdt, wat de literaire historiografie betreft, een duidelijke afwijzing in van elk direct causaal of louter immanent verband tussen literaire feiten (*Verlaufsgeschichte*). Het wijst integendeel naar een „structuurgeschiedenis"[20] waarin tekstuele gegevens pas hun uiteindelijke verklaring vinden in intertekstuele, metatekstuele en extra-tekstuele relaties. Ik moge deze opeenstapeling van relaties even verduidelijken.

Een literatuurgeschiedenis zouden we kunnen voorstellen als een soort tweeslagstelsel. Aan de oppervlakte verschijnen een reeks gegevens (auteurs, literaire teksten en metateksten) die in een eigen ritme van actie en reactie de 'evenementiële geschiedenis' uitmaken (bijvoorbeeld een immanente stijlgeschiedenis of een causale feitengeschiedenis). De 'zin' ervan, in de dubbele betekenis van het Franse *sens*, dat wil zeggen

(20) Zie H. R. Jauss, „Geschichte der Kunst und Historie", in idem, *Literaturgeschichte als Provokation*, Frankfurt, Suhrkamp, 1970, pp. 231-251; Nederlandse vert. (fragm.) in: *Tekstboek Algemene Literatuurwetenschap*. Ambo, 1977, p. 274 (266-283).

als richting waarin die geschiedenis verloopt en als betekenis van dat feitenverloop, wordt pas zichtbaar wanneer men de feiten in een ruimer kader bekijkt, met name in een structuurgeschiedenis waarin literaire feiten worden gerelateerd aan intertekstuele en contextuele gegevens.

Een systeemtheorie probeert precies dit tweeslagstelsel in zich op te nemen: ze biedt werkschema's aan om te verklaren hoe 'feiten', die op het eerste gezicht heel erg van elkaar verschillen, toch met elkaar in verband staan en een 'systeem' kunnen vormen, dat steeds evolueert[21]. Het vertrekpunt moet daarom zo ruim en zo a-selectief mogelijk zijn: zo a-selectief mogelijk, want men moet er zich voor hoeden bepaalde relaties tot elke prijs te willen ontdekken; zo ruim mogelijk, want niet alleen auteurs, teksten en lezers moeten de aandacht krijgen, maar ook – en dat lijkt me de typische inbreng van een systeemtheorie – hun relaties met andere auteurs, teksten en lezers. Dit wil zeggen dat men 'verandering', het formeel object bij uitstek van elke literairhistorische activiteit, niet enkel dient te bekijken op één lijn (een lineaire geschiedenis), maar ook in relatie tot wat niet verandert, wat meer of minder ingrijpend, vlugger of trager of op een andere manier verandert[22]. Alleen zodoende zal men de mechanismen van de verandering zelf, ook bijvoorbeeld de mechanismen van canonisering, op het spoor komen.

Men zal begrijpen dat de problemen die hier rijzen voor de literatuurhistoricus aanzienlijk zijn, en dit zowel op methodologisch als op praktisch vlak. Het systeem van relaties mag

(21) Cf. I. Even-Zohar, *Papers in Historical Poetics*, Tel Aviv University, The Porter Institute for Semiotics, 1978; vooral „The Polysystem Hypothesis Revisited", pp. 28-35.

(22) Zie J. Lambert, „Théorie littéraire, histoire littéraire, étude des traductions", in E. Kushner (éd.), *Actes du Colloque International „Renouvellements dans la Théorie de l'Histoire littéraire" (Montréal, l'Université Mc Gill, 1982)*, Ottowa, La Société Royale du Canada, 1984, pp. 119-130.

namelijk niet zo 'open' worden gemaakt, dat heel diverse dingen her en der ter verklaring van literaire feiten worden aangedragen. Zulks zou methodologisch onhoudbaar zijn[23]. De zaak van de literatuurgeschiedschrijving wordt er dus allesbehalve gemakkelijker op als men van een gesloten of redelijk gesloten systeem (bijvoorbeeld een loutere auteursgeschiedenis, een geschiedenis van een genre, enzovoort) overstapt op een open systeem. Het lijkt wel een utopie te worden. Een uitspraak van de Duitse literatuurhistoricus Fritz Martini geeft de geschetste problematiek pregnant weer. Hij schrijft: „Allerdings kann eine Literaturgeschichte unter den methodologischen Forderungen, welche das gegenwärtige Wissenschaftsbewußtsein stellt, immer nur ein Entwurf mit der Offenheit zum Utopischen oder ein Akt der Selbstbescheidung zum gerade noch Erreichbaren sein"[24].

Laten we alvast, wars van een al te gemakkelijk scepticisme, dit „gerade noch Erreichbare" voor ogen houden zonder het droombeeld van een omvattende literatuurgeschiedenis op te geven. „We moeten aan de slag", zei Anbeek[25]. En wij zullen het op dat stuk allemaal met hem eens zijn. Maar hoe gebeurt dat nu in een systeemgericht onderzoek? Waarschijnlijk niet zo erg verschillend van het vele veldwerk dat tot op heden is gedaan. Maar misschien toch vanuit een andere, een wat ruimere invalshoek[26].

([23]) Cf. J. J. A. Mooij, „De filosofie van de literatuurwetenschap", in idem, *Tekst en Lezer*, Amsterdam, Athenaeum-Polak & Van Gennep, 1979, pp. 237-238.

([24]) F. Martini, „Fragen der Literaturgeschichtsschreibung", in *Jahrbuch der internationalen Germanistik*, 2:1 (1970), p. 47.

([25]) Zie T. Anbeek, *«In puinhopen voel ik mij prettig..». Over de wederopbouw van de Nederlandse literatuurgeschiedschrijving*. Inaugurale rede, Amsterdam, Wetenschappelijke Uitgeverij, 1982, p. 19.

([26]) Ik heb mij bij de voorstelling van dit systeemgericht onderzoek voornamelijk gebaseerd op de werkzaamheden en voorlopige onderzoeksresultaten van een werkgroep aan de afdeling Algemene Literatuur-

Laten wij de zaak even *ex negativo* verduidelijken. Het voorbeeld komt uit eigen praktijk. Als ik nu terugkijk naar wat ik aan bronnenrnateriaal heb en vooral niet heb bestudeerd toen ik een schets probeerde te schrijven van de picareske verhaalkunst[27], dan moet ik bekennen dat ik slechts in geringe mate de zojuist geprezen niet-selectieve en systemische invalshoek heb gekozen. Mijn 'verkenning' is een verhaal geworden dat als een soort 'tekstverwerking' van andere verhalen (zowel teksten als metateksten) een evolutie in het betrokken genre voorstelt die slechts ten dele op synchroon en diachroon onderzoek is gebaseerd. Eigen ideeën – en wat is eigen? – over literaire evolutie en over verhaalkunst werden gecombineerd met bestaande 'verhalen' over de schelmenroman om de 'geschiedenis' ervan op te zetten. Er is, als ik dat vanop afstand bekijk, wel een aanzet tot systemisch onderzoek te vinden, vooral met betrekking tot de contact-conflictrelaties tussen synchrone verhaalsoorten (picareske romans als contemporaine reacties op het model van dominante heroïsch-galante romans) en tot assimilatie- en afstotingsreacties die het genre diachronisch via vertalingen en bewerkingen heeft doorgemaakt. Overigens is hier en daar ook een relatie gelegd met extra-literaire factoren en culturele waarden en normen, maar dan toch meestal op grond van wat men – in dit geval een aantal critici en historici – van belang heeft geacht voor de periode en voor het genre in kwestie. Van een echt systeem-gericht onderzoek is hier nog geen sprake.

Waarom dit negatief voorbeeld? Omdat ik ervan overtuigd ben dat heel wat bestaande geschiedenissen van een genre, een

wetenschap van de KU Leuven (J. Lambert, L. D'Hulst & K. Van Bragt) die zich vooral inlaat met vertaalde literatuur in de negentiende eeuw. Zie hieromtrent Katrien van Bragt e.a., *Bibliographie des traductions françaises (1810-1840)*: répertoires par disciplines, Leuven, U.P. Leuven, 1995.

([27]) H. van Gorp, *Inleiding tot de picareske verhaalkunst*, Groningen, Wolters, 1978.

periode of een nationale literatuur op die manier zijn geconcipieerd en uitgewerkt. Het zijn doorgaans verhalen die een synthese brengen zonder dat de schrijver ervan zelf de nodige analyses hiervoor heeft kunnen uitvoeren. Zulke geschiedschrijving is als het ware een eigen genre geworden, met een eigen discours[28] en eigen procédés en doelstellingen. Om het lapidair uit te drukken: een literatuurgeschiedenis is een verhaal dat op een literatuurgeschiedenis gelijkt. Het is bovendien een genre dat zelf interessant studiemateriaal biedt voor een meer systeem-gerichte literatuurgeschiedschrijving, omdat het doorgaans de neerslag is van bepaalde literaire opvattingen (condities) en het op zijn beurt het circuit verrijkt (effect). In latere verhalen wordt immers op die verhalen voortgeschreven, maar worden deze terzelfder tijd gesitueerd en geïnterpreteerd in een voortdurende semiosis. Knuvelder bijvoorbeeld zal in het Nederlandse literair-historisch bedrijf nog lang meedraaien. En waarom ook niet. Want laten we duidelijk zijn: ik wijs dit soort historiografie niet af. Ze heeft haar eigen plaats en waarde in het literaire systeem. Een wetenschappelijk verantwoorde literatuurgeschiedschrijving bieden zulke verhalen echter niet, hoe scrupuleus men ook zijn beweringen tracht te staven. Immers, heel wat gegevens worden er voor 'empirisch' gehouden, die in wezen op heel specifieke aannamen over de aard en de waarde van literaire teksten berusten[29]. Daarom is een zo ruim en open mogelijke aanpak een methodologische noodzaak.

Hoe zou zo'n systeemgerichte historiografie er dan uitzien? Welke richtingaanwijzers en grenspalen kan men uitzetten om de weg te banen? Hoe ziet die weg eruit en welke etappes zou

(28) Cf. R. Barthes, „Le discours de l'histoire [1967]", in idem, *Le Bruissement de la langue*, Paris, Seuil, 1984, pp. 153-166.

(29) Zie C. Van Rees en H. Verdaasdonk, „Methodologie en literatuurbeschouwing", in *Controversen in de literatuurwetenschap*, Wassenaar, Servire, 1974, p. 126

men moeten kunnen afleggen? Tal van vragen waarop geen eenvoudig antwoord te geven is. Vertrekpunt is een open werkschema waarin de dynamiek van een literair systeem in termen van relaties wordt beschreven[30], bijvoorbeeld relaties tussen auteur en tekst, maar eveneens tussen auteur en auteurs; tussen tekst en lezer, maar eveneens tussen de bestudeerde tekst(en) en andere teksten, tussen diverse (groepen van) lezers, enzovoort, relaties dus die te maken hebben met productie, traditie, import en receptie. Een aantal werkhypothesen wordt met betrekking tot zulke relaties inductief-deductief opgesteld en dan getoetst aan een gegeven corpus om ze zo nodig te herformuleren, zodat men steeds gerichtere vragen kan stellen. Dit zou moeten resulteren in analysemodellen op grond van open vragenlijsten die verschillen naargelang van het te onderzoeken object (bijvoorbeeld groepsrelaties van schrijvers, diverse types van teksten, enzovoort). Gewapend met deze analysemodellen kan men dan systematisch een reeks observaties uitvoeren om het corpus in kwestie te onderzoeken.

Vermits de doelstelling van literair-historisch onderzoek is: literaire evolutie te beschrijven, in ons geval in termen van interacties binnen een overkoepelend systeem, dit wil zeggen als aflossing, doorbreking, verandering of interferentie, ligt de focus van zulk onderzoek op normen, dat wil zeggen op gedragsregels die poneren wat toonaangevend is en veroordelen wat daar niet conform aan is, en op modellen, dit wil zeggen de neerslag van die normen in werken die tot navolging aanzetten. Vermits een systeem voortdurend in beweging is – normen en modellen zijn immers gebonden

([30]) Zie J. Lambert & H. van Gorp, „Methoden van vertaalonderzoek", in *Handelingen van het XXXIIIste Vlaams Filologencongres*, Antwerpen, 1981, pp. 190-194 en J. Lambert, „Production, tradition et importation: une clef pour la description de la littérature en traduction", in *Revue Canadienne de Littérature Comparée*, 7 (1980), pp. 246-252.

aan tijd en ruimte – moeten synchrone doorsneden gemaakt worden en onderling vergeleken. Men doet dat via peilingen, want exhaustief onderzoek met betrekking tot het hele literaire systeem is onbegonnen werk. Voor de negentiende eeuw kan men bijvoorbeeld denken aan als hypothese verantwoorde cesuren als 1830, 1848, 1860, 1885,... waarbij de diverse contemporaine teksten en metateksten over de hele lijn worden onderzocht. Een interessante uitdaging stellen hier de niet selectieve repertoria, bijvoorbeeld nationale bibliografieën, in mindere mate ook contemporaine catalogi van uitgevers, boekverkopers, veilingen en bibliotheken[31]. Zij verschaffen ons immers vaak een beter inzicht in de complexiteit en in de gelaagdheid van een literair systeem dan de meeste andere bronnen. Men kan er bepaalde constanten en verschuivingen in opmerken die elders niet aan de oppervlakte komen: bijvoorbeeld genreverschuivingen (meer of minder proza tegenover andere genres); actualiteit van oudere literatuur in een latere periode; invoer van vreemde literatuur (bijvoorbeeld plaats van vertalingen en bewerkingen in een literair systeem); relatief belang van allerlei soorten triviaalliteratuur, jeugdliteratuur, enzovoort. Uit een reeks observaties op zulk materiaal, zowel synchronisch als diachronisch, gaat algauw blijken welke normen (waardeschalen) en modellen (concrete vormen en combinaties die de normen aannemen) in bepaalde periodes domineren. De winst van zo'n systemische aanpak is dat de verklaring wordt gezocht waar ze te zoeken is, namelijk in het ruimere geheel en niet, zoals vaak in traditionele literatuurgeschiedenissen gebeurt, in partiële verschijnselen. Partieel onderzoek (bijvoorbeeld van een

([31]) Cf. E.K. Grootes, „De bestudering van populaire literatuur uit de zeventiende eeuw", in *Spektator*, 12 (1982-1983), p. 6. In dit bijzonder informatieve artikel wordt o.m. verwezen naar de systeemgerichte *Sozialgeschichte* van R. Schenda (*Volk ohne Buch*, 1970).

bepaald genre of subgenre, van het oeuvre van een groep auteurs, van reacties van bepaalde groepen lezers) moet uiteraard worden gedaan, maar liefst in de optiek van een globale, open aanpak met een relationele vraagstelling: wat kenmerkt een particulier werk, een genre, een schrijver, een school als 'literair' en als waardevol of minder waardevol, volgens het systeem zelf waarin dat werk, dat genre functioneert? De literaire feiten worden gesitueerd tegenover de dominerende elementen van het systeem. Op grond van dit veldwerk in etappes kan uiteindelijk een globaal beeld worden uitgetekend dat niet perse 'nevelig'[32] hoeft te zijn, maar ook niet noodzakelijk 'coherentie' of 'eenheid' dient te vertonen. Dat is niet de eigenlijke taak van een historicus. Men moet overigens oppassen voor een te 'cumulatieve' aanpak die een interactiegerichte literatuurgeschiedschrijving kan bedreigen (schrijvers + teksten + distributie + receptie + sociale context...). Veeleer dient men duidelijk de doelstellingen aan te geven die men met zijn eigen verhaal voorheeft en de optie die men neemt: inzicht in intermenselijke relaties (zoals bijvoorbeeld in een systeemgeschiedenis), informatief feitenrelaas met betrekking tot het leven en het werk van een aantal auteurs, evolutie van een genre of stroming, sociale geschiedenis van de literatuur, enzovoort. De lezer kan dan het aangeboden verhaal in die optiek evalueren.

Een omvattende literatuurgeschiedenis zal wel altijd een utopie blijven, vooral wanneer een hele reeks synchrone doorsneden moeten worden gemaakt en onderling vergeleken, zoals dat het geval is in een nationale literatuurgeschiedenis *von den Anfängen bis zur Gegenwart*. Toch loont het de moeite om een zekere exhaustiviteit voor bepaalde periodes, liefst in groepsverband, na te streven. Het opgezette achtste

([32]) Vgl. F.C. de Rover, „Literatuurgeschiedschrijving: beeld of nevel?", in *Spektator*, 10:6 (1980-1981), pp. 537-541.

deel van de *Geschiedenis van de Letterkunde der Nederlanden* is in dit opzicht een goede aanzet. Wij kunnen ons alvast troosten met de woorden van Fritz Martini: "Wer sich an der Literaturgeschichtsschreibung versucht, muss sich… des Fragmentarischen, ja des Unzureichenden dessen was er unternimmt, bewußt sein[33]."

([33]) F. Martini, *o.c.*, p. 47.

II.

VERHAALTHEORIE

TEKSTCOMMUNICATIE, VERTELSITUATIE EN VERHAALFUNCTIES[1]

Wanneer we een verhaal lezen worden we meestal geconfronteerd met een reeks min of meer causaal samenhangende gebeurtenissen: de lotgevallen die één of meer personages in een bepaalde periode/moment van hun leven op min of meer gesitueerde plaatsen hebben doorgemaakt De beginzin van zovele sprookjes is in dit opzicht revelerend: „Er was eens, lang geleden, in een ver land, een prins die..." Geschiedenissen als een geheel van gebeurtenissen bestaan ook buiten de verhalende literatuur; we ervaren ze in dagelijkse uitspraken als: „vanmorgen heeft mijn zoontje in de keuken zijn kop koffie omgestoten..." Ze worden echter pas verhaal wanneer ze 'verteld' worden. De voortalige werkelijkheid wordt dan getransponeerd in een mentale werkelijkheid, ook wel fictie genoemd; die ontstaat mede doordat elementen uit de buitentalige werkelijkheid via de taal op een speciale manier worden gemanipuleerd, anders dan zulks bijvoorbeeld gebeurt in een journalistiek verslag. Iedereen heeft het verschil tientallen keren vastgesteld, zonder dat men dit 'anders' bevredigend kon verklaren. Het heeft eigenlijk te maken met het zo vaak gehanteerde onderscheid tussen 'spreken over' en 'vertellen.' Een verhaal, zo beweren de theoretici, is niet *datgene waarover* (op welke wijze dan ook) een relaas wordt gegeven, maar *datgene wat 'verteld' wordt*. 'Geschiedenis'

(1) Oorspronkelijke referentie: H. van Gorp, „Tekstcommunicatie, vertelsituatie en verhaalfuncties", in *Spiegel der Letteren*, 17 (1975), pp. 23-37.

(*histoire*) en 'vertellen' (*narration*) zijn er twee aspecten van dezelfde zaak[2].

Op dit 'vertellen' zouden we hieronder wat nader willen ingaan. Men weze er echter vooraf op attent gemaakt dat met dit begrip niet direct het vertelperspectief of gezichtspunt wordt bedoeld. Het gaat hier veeleer om een vorm van geschreven communicatie die we zouden kunnen definiëren als: „het aanbieden van een tekst als verhaal (namelijk als een bepaald type van tekst) aan de lezer(s)." Een vorm van communicatie dus waarin zich een specifieke vertelhouding op min of meer duidelijke wijze manifesteert.

In de traditionele verhaaltheorie sprak men in dit verband graag over de aanwezigheid of het optreden van een verteller in de roman[3]. De opvattingen over zulke verteller hebben de laatste decennia een hele evolutie doorgemaakt. Dit is makkelijk te illustreren aan de hand van het omstreden begrip vertelsituatie, de (ver)houding van de vertelinstantie (verteller) tot de 'geschiedenis' en tot de lezer. Uitgangspunt van dergelijke situatie was steeds een persoonlijk, lijfelijk aanwezig verteller die aan een even persoonlijk lezerspubliek iets te vertellen had[4]. Schematisch voorgesteld is dergelijke vertelsituatie te vergelijken met het bekende communicatieschema van Jakobson (fig. 1):

([2]) De begrippen 'geschiedenis' en 'vertellen' worden tussen aanhalingstekens geplaatst om aan te geven dat het hier om correlatieve begrippen gaat.

([3]) Zie hiervoor, speciaal voor het Duitse taalgebied, H. van Gorp, *Het optreden van de verteller in de roman*, Hasselt, Heideland, 1970.

([4]) Cf. de termen *Grundsituation* en *Ursituation* o.a. bij W. Kayser, *Das sprachliche Kunstwerk*, Bern - München, Francke Verlag, 1961 (1948), p. 204.

Fig. 1

Ref.
over

door voor

S - - - - - → B - - - - - → H

in

Taal

waarbij: S = spreker
B = boodschap
H = hoorder
Ref. = referent

Door een overhaaste gelijkschakeling van narratieve communicatie met een gewone mededeling, *in casu* door de verteller als sprekend persoon in levenden lijve voor zijn toehoorderspubliek te plaatsen, identificeerde men in de traditionele verhaaltheorie niet zelden die verteller met de auteur, dit wil zeggen de persoon achter de verteller. En men redeneerde logisch verder: zoals de spreker tegenover een hoorder staat aan wie hij een boodschap wil meedelen over een buiten het spreken liggende referent, zo staat de verteller buiten de gebeurtenissen die hij aan de lezer verhaalt, en bezit hij meteen de mogelijkheid in de opeenvolging ervan in te grijpen, 'tussen te komen.' Het frequente gebruik van termen als *Zwischenrede*, *Einmischung*, *intrusion*, *intervention*, en dergelijke wijst hier duidelijk op.

Nu valt bij nader toekijken reeds in de mondelinge vertelsituatie op dat de persoon die iets wenst te vertellen vaak onbewust een bepaalde houding (vertelhouding) aanneemt om 'zijn' verhaal bij de toehoorder te doen inslaan. Het narratieve communicatieschema onderscheidt zich van het gewone communicatieschema doordat met die vertelhouding ook andere factoren van de vertelsituatie als het ware tussen haakjes worden geplaatst of liever, op een andere manier verbonden worden met de werkelijkheid. Doordat de spreker zijn mededeling aanbiedt als verhaal[5] schuiven de overige elementen van het schema eveneens van hun directe betrokkenheid op de werkelijkheid weg. Er ontstaat, zo zegt men, een eigengeaarde werkelijkheid, een 'quasi-realiteit.' Schematisch zouden we het aldus kunnen voorstellen (fig. 2):

Fig. 2

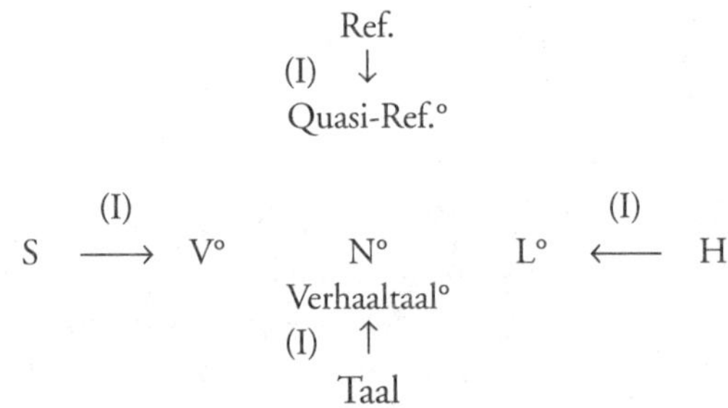

waarin: V° = vertelhouding
L° = verhaal-leeshouding
N° = (narratieve boodschap)

Deze eerste verschuiving 'naar binnen toe' (I) is eigenlijk de overschrijding van de grens van de werkelijkheidsuitspraak naar de fictie toe: de spreker (S) wil vertellen (V°) en daardoor wordt de referent een quasi-referent, terwijl van de toehoorder (H) wordt gevraagd dat hij zich op het aanhoren van een verhaal zou afstemmen (L°). Wat de geschreven communicatie betreft, impliceert zulks dat op dit nog niet tot de oppervlaktestructuur van de tekst behorende vlak – de lezer heeft eigenlijk nog geen woord van het verhaal gelezen, vandaar L° – een identificatie tussen S-V°, H-L° en

([5]) Vgl. met T.A. van Dijk, *Moderne literatuurteorie: een eksperimentele inleiding*, Amsterdam, Van Gennep, 1971, p. 118.

Ref./Quasi-Ref.° al niet meer vol te houden is, wat tegen een louter biografische, strikt individueel-receptieve of eng realistische benadering van verhalende teksten pleit. De persoon van de lezer is zich ten dele van genoemde overgang bewust wanneer hij een boek ter hand neemt: hij 'gaat' een verhaal lezen vanuit een bepaald verwachtingspatroon (vergelijk met het 'Habitus'-begrip uit de fenomenologische literatuurstudie). Hij distantieert zich in zekere mate van de werkelijkheid („met een boekje in een hoekje") om er op een andere manier, namelijk als verhaal-lezer naartoe te gaan. Deze psychologische distantiëring zal nu bij het daadwerkelijk lezen gevoed (evt. tegengesproken) worden door de aanwezigheid (resp. afwezigheid) van specifieke verhaalstrategieën die de basis vormen van diverse verhaaltypes. Dadelijk daarover meer.

We dringen nu, schematisch gezien, binnen in de verhaalwereld (II) en worden door de verhaaltaal als het ware gedwongen het communicatieschema van de werkelijkheidsuitspraak achter ons te laten (Fig. 3):

Fig. 3

Ref.
(I) ↓
Quasi-Ref.°
(II) ↓
'geschiedenis'

S —(I)→ V° —(II)→ V   N   L ←(II)— L° ←(I)— H

'vertellen'
(II) ↑
Verhaaltaal°
(I) ↑
Taal

V° gaat zich min of meer duidelijk manifesteren als 'verteller' (V). De andersgerichte binding met de werkelijkheid lijkt evident. Die 'verteller' blijkt immers geen persoon van vlees en bloed te zijn maar een aspect van de verhaaltaal. Dit is, hoe paradoxaal ook, bijzonder duidelijk waar de vertelinstantie een voorstelbare gestalte aanneemt.

De ik-verteller van een verhaal kan bijvoorbeeld een vrouw zijn, terwijl de auteur (S) een man is. Ook de anonieme hij-verteller verschilt wezenlijk van een reële persoon: kan hij niet binnen in zijn personages kijken, op verschillende plaatsen tegelijk aanwezig zijn, alles overzien...? Toch is de zaak niet altijd zo eenvoudig. Tal van teksten bieden zich immers vanuit de maker als 'werkelijkheidsgetrouw' aan. De grens tussen autobiografie en ik-verhaal, tussen feitenrelaas en hij-verhaal is niet altijd scherp te trekken.

Ook wat de referent betreft, krijgt het onderscheid tussen buiten-romaneske en romaneske werkelijkheid gestalte. Het waarheidscriterium blijkt namelijk voor verhaaluitspraken niet erg bruikbaar te zijn. Wanneer we in een verhaal lezen: „Oscar ging 's avonds om tien uur naar huis", dan moeten we zulks als verhaallezer accepteren: het is zo, omdat het er zo staat. De lezer heeft geen verhaal tegen een verhaal, omdat hier geen te falsifiëren waarheid in het spel is maar, zoals men zegt, waarachtigheid, waarschijnlijkheid. Dit doet zich gevoelen in de diverse constituenten die de quasi-referent bepalen:

- een gebeuren in de werkelijkheid, dat nooit af is, wordt 'verdicht' tot een 'geschiedenis' met een begin en een einde (hoe 'open' dit laatste ook mag zijn);
- de personages in die 'geschiedenis' ontlenen hun zijnswijze en overtuigingskracht niet aan waarheidsuitspraken, maar aan hun functie binnen het verhaal;
- het preteritale bestel van die 'geschiedenis' („er was eens...") krijgt eerder een distantiërend-esthetiserende functie (fictionalisering) dan een temporele: „er is nu alsof... ";

– de opgeroepen ruimte is niet meer tastbaar zoals de plaatsen waaraan in een werkelijkheidsuitspraak gerefereerd wordt.

Kortom, de quasi-referent van het verhaal is, zoals een mentaal beeld, niet meer los te zien van de vertelinstantie en de lezer, wat wel het geval is bij de referent in het communicatieschema van het gewone spreken. Nog anders geformuleerd: de 'geschiedenis' is doordrenkt van 'vertellen' en wordt daardoor verhaal. Zulks neemt niet weg dat, precies als mogelijkheidsvoorwaarde voor interpretatie, de buitenwerkelijkheid in al haar aspecten (gebeurtenissen, personen, tijd en ruimte) op de achtergrond noodzakelijkerwijze blijft meespelen. Het specifieke van fictie is immers niet gelegen in een disjunctie met de werkelijkheid, maar in een anders geaarde conjunctie.

Ten slotte wordt ook het onderscheid tussen de biografische persoon van de lezer en de verhaal-lezer steeds duidelijker „bij het lezen." Het gaat hier namelijk niet meer over (groepen van) personen die in de literatuursociologie bestudeerd worden ('wie leest wat'-enquêtes), maar om een verhaalaspect, een instantie waardoor een bepaalde tekst als verhaal wordt gelezen; het betreft een houding die tegemoetkomt aan een intentie die in een bepaald type van tekst geïmpliceerd ligt. Vertelinstantie (V) en verhaal-lezer (L) zijn op elkaar afgestemde begrippen.

Dat deze lezer duidelijk moet worden onderscheiden van de hoorder (H) uit fig. 1, blijkt uit het feit dat deze laatste een man of vrouw is, van een bepaalde leeftijd, met die en die ervaringen, die bijvoorbeeld in een ik-verhaal gevraagd wordt een vrouw of man te willen zijn van een heel andere leeftijd met heel andere ervaringen. En ook als een anoniem hij zal L de beperkingen van H doorbreken en niet zelden diens waardesysteem op de helling zetten. Uiteraard kan zulks maar, wanneer de werkelijkheidservaring van H in zijn verhaal-leeshouding (L°) en het lezen van dit bepaalde verhaal (L) meespeelt.

We zouden nu, speciaal voor wat de vertelinstantie betreft, de tweede verschuiving (II) naar binnen toe wat nader willen onderzoeken. We doen dit aan de hand van twee relatie-aspecten die de vertelsituatie constitueren: 1. de verhouding vertelinstantie – 'geschiedenis' en 2. de verhouding vertel-instantie – lezer.

Vertelinstantie - 'geschiedenis'

We zeiden reeds, ter confirmering van het onderscheid tussen S en V, dat het 'vertellen' voor de lezer een min of meer voorstelbare gestalte kan aannemen. Grosso modo kunnen we stellen dat het dan de grondsituatie van de mondelinge mededeling mimeert en de indruk geeft dat een persoonlijk verteller optreedt, die een relaas brengt over zijn eigen belevenissen of die van anderen. In het laatste geval blijft hij als het ware buiten de 'geschiedenis'[6] en krijgt zijn persoon geen vaste contouren; wel kan hij zich terloops signaleren als een (ik), een (wij), een (men)... en verraadt hij zich nogal eens in evaluerende uitspraken. We hebben hier met een ik/hij-verhaal te maken dat in de bekende typologie van Franz K. Stanzel 'auctorieel' wordt genoemd en door Norman Friedman *editorial omniscience.* De termen duiden aan dat hier onder de 'autoriteit' van een vertelinstantie gelezen wordt. In het andere geval, waarbij een persoon over zichzelf schijnt te spreken (meestal over zichzelf en over anderen), 'dramatiseert' de vertelinstantie zich (niet figuurlijk op te vatten, hoewel ook dat meer dan eens het geval is). De verteller vertelt 'zijn geschiedenis' en moet dus zowel in als buiten die 'geschiedenis' gesitueerd worden (zie het bekende begrippenpaar vertellend

([6]) G. Genette (*Figures III*, Paris, Seuil, 1972, p. 252) spreekt van een oppositie tussen *hétérodiégétique* en *homodiégétique*.

ik/belevend ik met wisselende dominantie in diverse verhalen). We hebben hier met een ik/mij of een combinatie van ik/mij en ik/hij-verhaal te maken. Stanzel spreekt van *Ich-Roman*, Friedman is meer genuanceerd: hij maakt nog een onderscheid tussen verhalen met een ik als held (*I-protagonist*) en een ik als getuige (*I-witness*).

Gemeenschappelijk voor bovengenoemde verhaalvormen is nu dat expliciet een afstand gecreëerd wordt tussen 'vertellen' en 'geschiedenis', die meestal in een tijdsdimensie wordt uitgedrukt[7], maar die, zoals we hierboven aanstipten, eigenlijk van esthetisch-psychologische aard is. De aandacht van de lezer (L) wordt in zulke verhalen namelijk zowel op de vertelact zelf als op de 'geschiedenis' getrokken[8]. Schematisch kan men het als volgt voorstellen (fig. 4a):

Fig. 4a

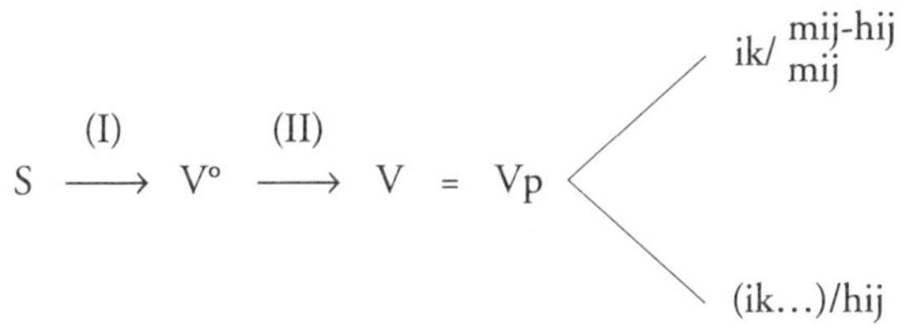

waarin: Vp = gepersonifieerde vertelinstantie
ik = gedramatiseerd
(ik...) = niet gedramatiseerd

(7) Cf. termen als *par derrière* (Pouillon), *von späterer Warte aus* (Lämmert); ik denk verder aan de begrippen 'tijd van de geschiedenis': *vertelde tijd* (Müller), *tijd binnen het werk* (Maatje) enerzijds, en 'tijd van het vertellen': *verteltijd*, *tijd van de realisatie* anderzijds.

(8) In mijn proefschrift (zie noot 3) karakteriseerde ik dergelijke verhalen als tweedimensioneel: zie H. van Gorp, *o.c.*, pp. 241-246.

De twee-dimensionaliteit (ik/mij; ik/mij-hij; (ik...)/hij) kan in deze verhalen meer of minder beklemtoond worden. Een verabsolutering van het ene aspect gaat echter het andere als het ware tot de nulgraad herleiden. Zo kan het 'vertellen' een dergelijke vlucht nemen dat de roman toegespitst wordt op het avontuur van het verhaal-schrijven. Anderzijds lijkt in tal van verhalen de 'geschiedenis' het volle pond te krijgen.

In het laatste geval heeft de lezer niet meer de indruk dat er 'persoonlijk' verteld wordt; hij ervaart hoogstens, en dan nog erg vaag, „dat er verteld wordt". Het vertellen blijft geneutraliseerd tot een onpersoonlijke, abstracte vertelinstantie (Vop) waardoor het vertelde gerealiseerd wordt. De lezer wordt hier niet expliciet geconfronteerd met een gemimeerde spreeksituatie naar het model van de gewone communicatie. Wel impliciet. Immers, de rol van de gepersonifieerde vertelinstantie wordt nu gespeeld door een *implied narrator* die op verborgen wijze de 'geschiedenis' tot verhaal maakt[9]. De lezer wordt hierbij zo weinig mogelijk op de presentatie van de tekst als verhaal opmerkzaam gemaakt. Bij Stanzel komt hier de personele vertelsituatie in aanmerking, terwijl Friedman een viertal types van 'objectieve' romans onderscheidt. Kenmerkend voor alle romans met een onpersoonlijke vertelinstantie is dat de afstand tussen 'vertellen' (ik) en 'geschiedenis' (mij-hij) als het ware opgeheven wordt (fig. 4b):

Fig. 4b

$$S \xrightarrow{(I)} V^{\circ} \xrightarrow{(II)} V = Vop \qquad \text{(het)/hij}$$

waarin: Vop = onpersoonlijke vertelinstantie, voorgesteld als (het)

([9]) Zie hiervoor de bijzonder boeiende studie van W.C. Booth, *The Rhetoric of Fiction*, Chicago, Chicago U.P., 1961.

Tot dusver hebben wij, uitgaande van de vertelsituatie als gemimeerde spreeksituatie en op grond van een al dan niet gepersonifieerde vertelinstantie, getracht een classificatie aan te brengen in teksten die zich als narratief aanbieden. Nu is het echter zo, dat binnen een verhaal de vertelsituatie voortdurend wijzigingen kan ondergaan, wat de zaak niet weinig compliceert. De hierboven besproken verhaaltypes (Vp en Vop) krijgen daardoor niet zelden een complexe structuur van ingebedde of toegevoegde 'geschiedenissen' die op hun beurt 'persoonlijk' of 'onpersoonlijk' kunnen worden verteld. We schuiven hier steeds meer naar binnen toe (III). Een roman, zo schreef men reeds in de traditionele verhaaltheorie, wordt onder meer opgebouwd volgens principes van inbedding en additie. Die inbeddingen en toevoegingen noemen we hierna 'geschiedenis(sen)' 2..n in of naast 'geschiedenis' 1. Ook deze 'geschiedenis(sen)' 2..n worden 'verteld.' Bij additie is er geen probleem. Dan gelden immers dezelfde onderscheidingen als voor 'geschiedenis' 1, vermits alle 'geschiedenissen' teruggaan op de initiële, gepersonifieerde dan wel neutrale vertelinstantie. Is er echter inbedding, dan wordt de rol van de initiële vertelinstantie tijdelijk en ten dele overgenomen door een vertelfiguur uit 'geschiedenis' 1, en dit zowel bij persoonlijk als bij onpersoonlijk vertelde verhalen. De hij-personages[10] gaan voor een tijdje een gepersonifieerde vertelrol vervullen; deze wordt echter steeds gedramatiseerd (fig. 4c).

Terloops kan hier gewezen worden op de mogelijke functies van zulke gecompliceerde verhaalopbouw, waarbij het vertellen zich in zekere zin manifesteert als een integratie en distributie van ondergeschikte en nevengeschikte 'geschiedenissen'. Toevoeging en inbedding kunnen namelijk, naast

(10) 'Hij' staat hier uiteraard voor hij- en zij-personages. Dit is trouwens ook het geval in de schematische voorstellingen.

Fig. 4c

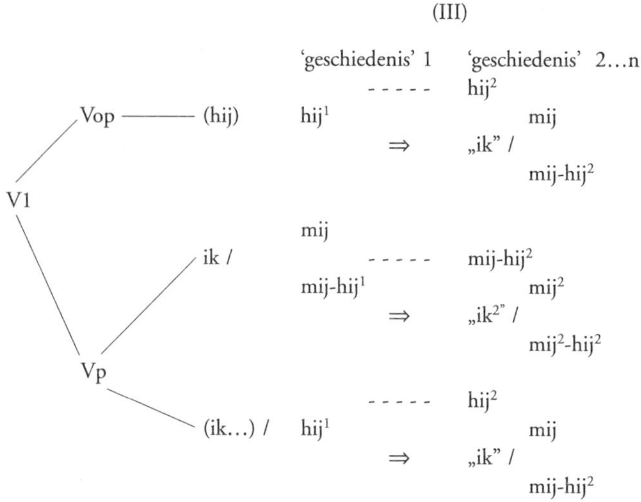

waarin: - - - - - = additie
⇒ = inbedding
„ik" = gedramatiseerde vertelfiguur

een uitbreidende of causaal-verklarende werking, ook een thematische functie hebben, waarbij 'geschiedenis' 1 illustratief (herhaling) of contrasterend (omzetting) wordt belicht vanuit de 'bij-geschiedenissen.' Dit begrip 'functie' voert ons meteen naar het tweede relatie-aspect dat we even willen bespreken: de verhouding tussen vertelinstantie en lezer, met zijn gevolgen voor het interpreteren van een bepaald verhaal.

Vertelinstantie - lezer

Dat dit aspect nauw verbonden is met het vorige mag reeds gebleken zijn uit de verschillende indruk die de twee genoemde verhaaltypes op de lezer maken[11]. L heeft namelijk de indruk ofwel rechtstreeks (onpersoonlijke vertelinstantie), ofwel onrechtstreeks (via gepersonifieerde vertelinstantie) de 'geschiedenis' als verhaal te lezen. De signalen die L naar de vertelinstantie verwijzen, zullen uiteraard duidelijker zijn in het laatste geval. Daar lijkt immers, paradoxaal genoeg, een supplementaire verbinding tot stand te komen *over* de 'geschiedenis' *heen* (in feite *doorheen* de vertelde geschiedenis); in de leesact hier-en-nu wordt de dualiteit toen-nu en daar-hier beklemtoond. Deze twee-dimensionaliteit zal overigens vaak uitsluitsel geven over de relatieve betrouwbaarheid van de vertelinstantie: Vp wordt als leidsman al dan niet ernstig genomen door L naarmate 'vertellen' en 'geschiedenis' op elkaar passen of niet. Bij het eendimensionele verhaal met onpersoonlijke vertelinstantie is dit niet zo makkelijk te achterhalen, omdat de vertelinstantie als het ware verborgen blijft. Hier kan de betrouwbaarheid afgeleid worden uit een vergelijking van de gezichtspunten die elkaar kunnen aanvullen of bevestigen dan wel relativeren of tegenspreken. De lezer zal hierachter de geïmpliceerde vertelinstantie (*implied narrator*) kunnen ontdekken. Is een verhaal echter vanuit het gezichtspunt van één personage uit de 'geschiedenis' verteld, dan wordt zulks praktisch onmogelijk gemaakt. De lezer is er vrijwel helemaal overgeleverd aan – we zeggen ook wel 'geboeid door' – de vertelinstantie, die hij gaat accepteren of afwijzen op grond van diens overtuigingskracht en van de eigen levensexperiëntie (H) en literaire ervaring (L°). Vrijwel helemaal, want door ingebedde geschiedenissen kunnen steeds weer

([11]) De romantypologie van F.K. Stanzel is, zoals bekend, mede op deze verschillende indruk van de lezer gebaseerd. De vraag kan gesteld worden of en in welke mate deze 'lezer' een objectief te achterhalen verhaalaspect is, dan wel de niet gerechtvaardigde extrapolatie van een individuele leeshouding. Zie hiervoor T. Anbeek, „De literatuurwetenschap en de lezers", in *De Gids*, (1974), pp. 159-175, vooral pp. 161-164.

nieuwe gezichtspunten worden geopend: aan vertelfiguren beantwoorden immers leesrollen. De lezer (L) wordt erdoor naar een eigen lectuur, dit wil zeggen een synthese van de geboden gezichtspunten, gericht. Een belangrijke functie speelt hierbij de zogenaamde wisseling in afstand waarop Wayne Booth zozeer de nadruk heeft gelegd in zijn *The Rhetoric of Fiction*[12]. Het komt ongeveer hierop neer: in elke leeservaring is er een geïmpliceerde dialoog tussen schrijver (S), verteller (V), verhaalpersonages – soms vertelfiguren („ik") –, verhaallezer (L) en lezerspersoon (H). Ieder van hen kan wisselen in zijn relatie tot elk van de andere, van identificatie tot complete oppositie en dit op elke waardelijn: moreel, intellectueel, esthetisch en zelfs fysiek (fig. 5).

Met deze meervoudige relatievorming zouden we nu terug willen grijpen naar het communicatieschema van de werkelijkheidsuitspraak van waaruit we vertrokken zijn. Het is bekend dat de wisselende beklemtoning van de factoren in dit schema haar weerslag heeft op het specifiek functioneren van een taaluiting. Jakobson vermeldt in dit verband een zestal functies naargelang van de aandacht die de diverse factoren in een taaluiting krijgen. Iets dergelijks menen we binnen het narratieve communicatieschema (de vertelsituatie) eveneens terug te vinden. We zouden hier kunnen spreken over diverse (mogelijke) verhaalfuncties[13]:

– Trekt de narratieve tekst de aandacht op de *'geschiedenis'* (van het verhaal) dan overheerst een *quasi-referentiële functie*: de lezer wordt als het ware gevraagd interesse te hebben voor het wat, wie, waar, wanneer van de quasi-referent. Deze functie vinden we beklemtoond in tal van Vp- en vooral Vop-verhalen van het type actie- en karakterroman, reisbeschrijvingen, en dergelijke.

(12) Zie W.C. Booth, *o.c.*, p. 155.

(13) Zie ook G. Genette, *o.c.*, p. 261 e.v.

Fig. 5

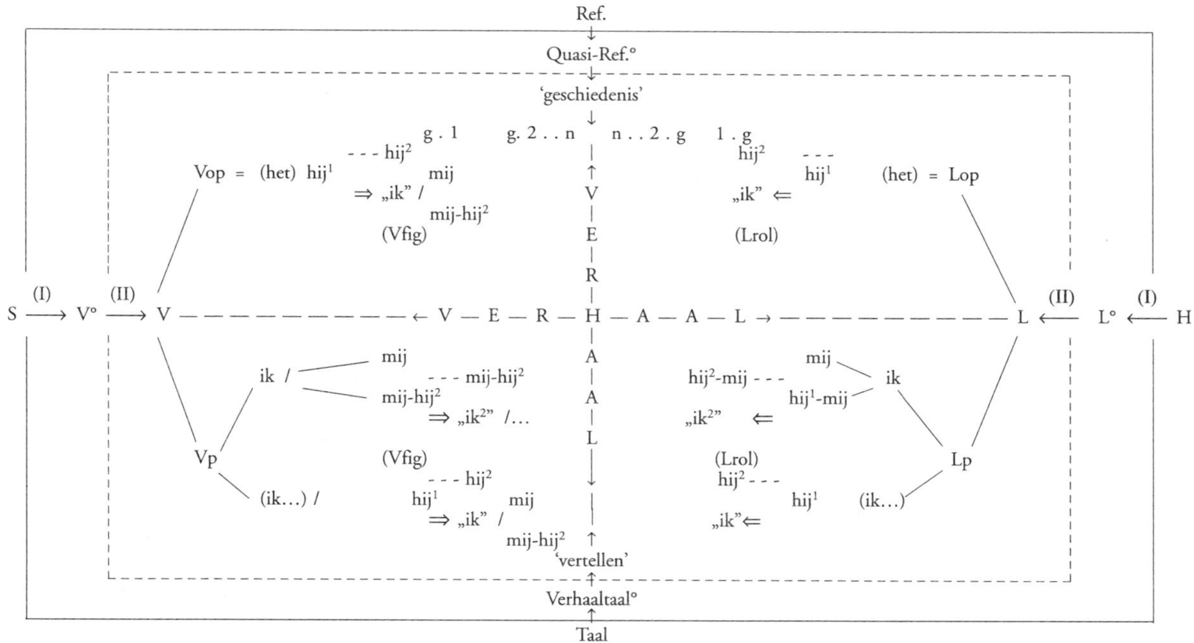

waarin: g.1, g.2..n = 'geschiedenis' 1, "geschiedenis' 2..n; Vfig. = vertelfiguur; Lrol. = leesrol, beantwoordend aan vertelfiguur

noot: de wisselende afstand tussen de verschillende instanties (bv. H-V; L-„ik" enz.) kon in het schema niet worden weergegeven.

- Wordt de aandacht van de lezer veeleer op de *code* getrokken (de verhaal-taal, het 'vertellen'), dan functioneert de narratieve tekst metalinguaal, in casu *metanarratief* wat opvalt in Vp-verhalen met duidelijke commentaar op de betekenis van het verhaal en regie-opmerkingen over de wijze waarop het is opgebouwd.
- Wordt met nadruk de spreeksituatie gemimeerd in een ogenschijnlijk direct *contact* tussen een persoonlijke vertelinstantie (Vp) en de lezer (L) over de 'geschiedenis' heen, dan zouden we van een fatische, *fabulerende functie* kunnen gewagen. Het is de indruk die de lezer opdoet bij het lezen van een bepaald soort 'conversatieromans' (zeer frequent in de achttiende eeuw) waarin een causeurstoon overheerst (zie de termen 'raconteur', 'fabulator', 'verteller'). De vertelinstantie hoort zichzelf hier schijnbaar graag vertellen en neemt de lezer in vertrouwen met „weet je's"?
- Trekt de gepersonifieerde *vertelinstantie* zelf de aandacht op zich dan kunnen we, naar analogie met het communicatieschema van Jakobson, over een emotieve functie spreken. Voor een narratieve tekst zou hier de term auctorieel aan Stanzel kunnen ontleend worden, met dien verstande dat hier geen tegenstelling opgeroepen wordt tot ik-verhaal of personele roman, maar dat het een verhaalfunctie betreft waarbij de vertelinstantie zich als een autoriteit bij het lezen opdringt. De *auctoriële functie* kan op haar beurt gespecifieerd worden: er getuigenis van afleggen dat men alles zelf beleefd heeft, een werkelijkheidsillusie oproepen, trachten te ontroeren door een directe betrokkenheid bij het gebeuren te veinzen, moraliseren door veralgemenende commentaar, de 'geschiedenis' ironiseren, enzovoort. Het onderscheid met de metanarratieve functie is niet altijd scherp te trekken.
- Lijkt de narratieve tekst als het ware naar een bepaalde *lezer* of *lezersgroep* toegeschreven, dan wordt een direct appèl

aan die lezer(s) gericht, waarbij deze moet(en) reageren. De tekst heeft een conatieve, *receptieve functie*[14]. De eerder zeldzame gij-romans zouden hier als voorbeeld kunnen gelden, evenals de minder zeldzame romans die, mede op grond van hun speciaal gekleurde quasi-referent, op een bepaald lezerspubliek zijn afgestemd. Heel wat 'triviaalliteratuur' (damesromans, série noire...) zou hiertoe kunnen worden gerekend.

Uiteraard moet 'in elk geval' de lezer het verhaal maken, daar ieder verhaal in wezen een *Appellstruktur*[15] inhoudt. De leeshouding kan echter zodanig 'voorgeschreven' zijn, dat een lezer weinig speelruimte overblijft, tenzij de vrijheid – buiten de toegelaten perken van de reclame – om het verhaal te nemen of te laten.

– Een zesde functie hebben we met opzet laatst willen vermelden, omdat ze ons inziens de narratieve tekst als geheel tot een 'literair' verhaal maakt: de aandacht van de lezer kan namelijk overwegend worden gericht op de *boodschap* zelf, dit wil zeggen het verhaal als vertelde geschiedenis *(histoire + narration)*. Deze *narratieve functie* kan als het ware beschouwd worden als een teksttypische nuancering van de poëtische functie uit het communicatieschema van Jakobson (fig. 6)

De literaire-verhaallezer is dan diegene die op grond van een bepaalde leeservaring en een bepaald soort tekstaanbod geïnteresseerd is in de vele interrelaties tussen de factoren van de vertelsituatie als narratief communicatieschema. Door zijn actieve, tegelijkertijd perspectivische en integrerende verhaal-leeshouding, gebaseerd op een open narratief

([14]) We verkiezen deze term omdat hij naast de betekenis *ontvangend* (receptie door de lezer) ook de connotatie *voorgeschreven* (recept voor het lezen) inhoudt.

([15]) Zie W. Iser, *Die Appellstruktur der Texte*, Konstanz, Universitätsverlag, 1970.

Fig. 6

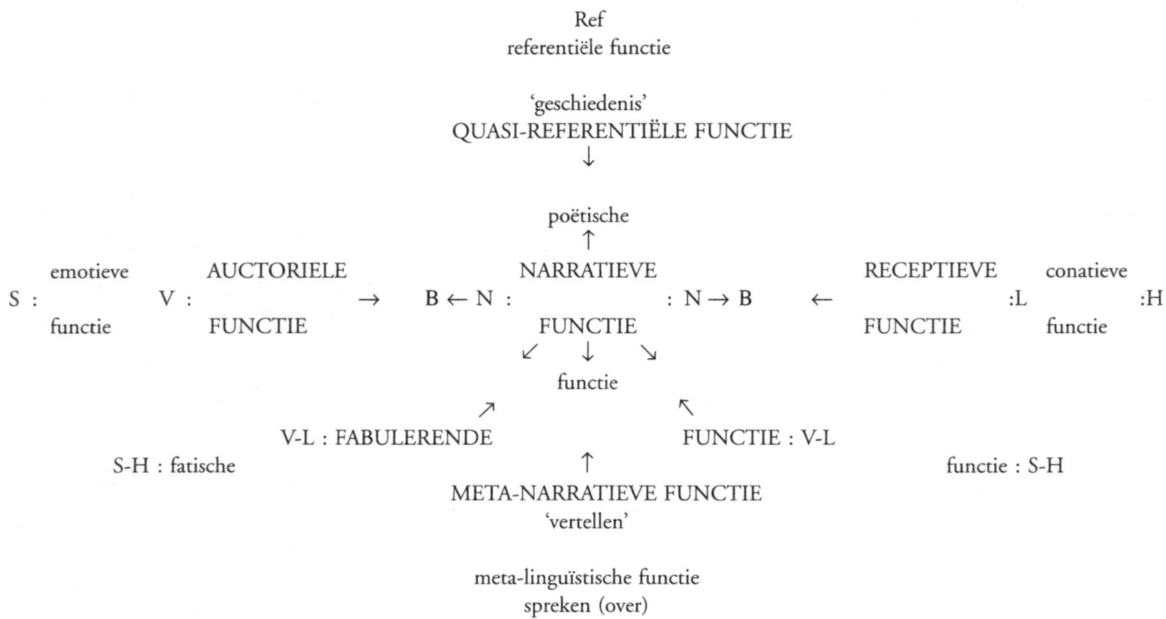

waarin: B = boodschap
N = narratieve boodschap = verhaal

aanbod dat mede gekleurd kan zijn door meta-narratieve, fabulerende, auctoriële of receptieve functies, weet hij uit die meervoudige relaties een verhaal te creëren, wel beseffende dat het laatste woord daarover niet is gezegd, nooit kan gezegd. Wegens de wisselende dominantie van de onderscheiden factoren uit het narratieve communicatieschema en de wisselende afstand tussen S, V, vertelfiguren-leesrollen, L en H zal deze narratieve functie nooit zo 'objectief' kunnen worden vastgelegd als Jakobson het voor zijn poëtische functie durfde verhopen.

We besluiten: in deze op het eerste gezicht vrij formalistisch aandoende benadering van de verhaalproblematiek (onpersoonlijke of gepersonifieerde vertelinstantie, gecompliceerd door toevoeging en/of inbedding) wordt de narratieve tekst gezien tegen de achtergrond van een ruimer *communicatieproces*. Het voordeel van deze aanpak is dat op basis van een zogenaamde narratieve functie een aantal traditionele verhaaltheoretische en verteltechnische probleemkwesties zoals rol en zijnswijze van de verteller, gezichtspunt, tijdsdimensie en dergelijke duidelijker op het *vertel- en leesproces* als zodanig worden betrokken. Het romanonderzoek kan zich aldus toespitsen op de vraag hoe het komt dat een bepaald type van teksten (namelijk verhalen) anders wordt gelezen dan bijvoorbeeld een reportage of een lyrische ontboezeming; en verder ook op de vraag hoe het komt dat narratieve teksten in de leesact van diverse lezers(groepen) anders functioneren. Dergelijke *functionele benadering* van de vertelsituatie als een specifieke vorm van communicatie beantwoordt bovendien aan de groeiende interesse voor de 'gebruiks-waarde' van teksten. Een niet gering aantal uitspraken over de zogenaamde 'zijns-waarde' ('objectieve' kenmerken) blijkt immers heel wat subjectiever te zijn dan men wel dacht.

POLYFONIE IN DE ROMAN

Bakhtin versus westerse narratologie[1]

Polyfonie en narratologie

In het eerste deel van dit betoog zou ik de aandacht willen richten op de mogelijke overeenkomsten, maar vooral op de verschillen tussen Bakhtins concept van polyfonie (*Problems of Dostoevsky's Poetics*, 1929, 1963/2; vert. 1973, 1984) en het narratologisch onderzoek van enkele bekende westerse theoretici zoals Franz K. Stanzel, Gérard Genette en Wayne C. Booth, die tot op zekere hoogte het verhaalonderzoek hier bij ons de laatste decennia hebben bepaald. Daarna ga ik dieper in op het begrip polyfonie zelf, om ten slotte enkele kritische bedenkingen te formuleren vanuit een 'narratieve leeshermeneutiek.'

De keuze van theoretici waaraan ik refereer, is in zekere mate willekeurig, maar het gaat hem niet zozeer om individuele uitspraken dan wel om een bepaalde benadering van de narrativiteit, meer speciaal om de manier waarop men gewoonlijk meerstemmigheid in verhaalkunst aanpakt. De keuze is bovendien subjectief, daar zij mijn eigen lectuur van narratieve theorieën reflecteert sinds ongeveer 1965. Toch denk ik dat ze enigszins representatief is voor wat men in die periode in West-Europa en in de Verenigde Staten

(1) Oorspronkelijke referentie: H. van Gorp, „Polyfonie in de roman. Bakhtin vs. westerse narratologie", in idem (red.), *Dialogeren met Bakhtin. De uitdaging van het vreemde woord*, Leuven, Vlaamse Vereniging voor Algemene en Vergelijkende Literatuurwetenschap, coll. ALW-Cahiers, n°4, 1986, pp. 40-55.

belangrijk achtte in het verhaalonderzoek. Als germanist van opleiding startte ik met Lämmerts *Bauformen des Erzählens* en Stanzels *Die typischen Erzählsituationen im Roman*, beide van 1955. Nadien werd ik gefascineerd door Booths *The Rhetoric of Fiction* (1961) en, in het kader van het opkomend Franse structuralisme, door Barthes' *S/Z* (1970) en Genettes *Discours du récit* (1972). Ten slotte kwam ik, vrij laat, zoals menig ander onderzoeker in het Westen, in contact met het werk van Mikhail Bakhtin; het heeft mij een aantal dingen heel anders leren zien. Mijn betoog gaat dus eigenlijk over mijn eigen lezing en interpretatie van verhaalopvattingen in verband met 'meerstemmigheid.'

Mijn uitgangspunt is Stanzels *Die typischen Erzählsituationen im Roman* (1955), een baanbrekend werk dat representatief kan worden genoemd voor een 'Anglo-Germaanse traditie', omdat het de nadruk legt, meer dan het Russische formalisme en vooral het Franse structuralisme (Bremond, Barthes, Greimas...), op de manier waarop verhalen verteld worden. Vandaar de bijzondere aandacht voor types van vertelsituaties (auctorieel, personeel...), voor de specifieke functies van ik- en hij-vertellers en voor het gezichtspunt (*Perspektive*). Het kernbegrip in Stanzels romantheorie is namelijk 'bemiddeling' (Duits: *Mittelbarkeit*; Engels: *mediation, mediacy*). Käthe Friedemann had dit begrip reeds in 1910 als essentieel voor de verhaalkunst (tegenover dramatiek) bestempeld. Haar studie *Die Rolle des Erzählers in der Epik* (1910) kan een echt scharniermoment in de ontwikkelingsgeschiedenis van de narratologie genoemd worden[2]. Het was een scherpe aanval op de objectiviteitseisen van het naturalisme zoals die vooral door Friedrich Spielhagen waren

(2) Cf. H. van Gorp, „Belangrijke etappes in het verhaalonderzoek sedert het einde van de negentiende eeuw", in *Roman en onderwijs*, Leuven, Acco, 1979, pp. 16-33.

gepredikt[3]. Haar belangrijkste bijdrage was precies dat zij de klemtoon legde op het concept 'bemiddeling' als wezenlijk voor epische kunst: als een schrijver, zo lezen wij bij Friedemann, epische effecten nastreeft, dan moet hij zich ook van epische middelen bedienen en zich als 'verteller' in zijn kunstwerk manifesteren; de verteller is het wezenlijke aspect van alle verhaalkunst. Deze differentiële (epiek/dramatiek) en functionele benadering (invalshoek middel/doel) heeft sindsdien de Duitse en voor een stuk ook de Engelse verhaaltheorie beïnvloed tot en met namen zoals Wolfgang Kayser (met zijn befaamde uitspraak „Der Tod des Erzählers ist der Tod des Romans"[4]), Edward M. Forster (*Aspects of the Novel*, 1927), Franz K. Stanzel en Wayne C. Booth. In zekere zin schijnt zelfs Bakhtin, die toch alles behalve een 'functionalist' kan genoemd worden, aan een soort van mediatie te denken als karakteristiek voor de romankunst, wanneer hij schrijft: „A speaking person's discourse in the novel is not merely transmitted or reproduced; it is, precisely, artistically represented and thus, in contrast to drama – it is represented by means of (authorial) discourse" (1983, p. 332). Toch ligt de klemtoon in de Anglo-Germaanse verhaaltraditie gevoelig anders. In de bovengenoemde studie van Stanzel bijvoorbeeld, die duidelijk op Friedemann teruggaat, is er vrijwel geen interesse voor wat Bakhtin het 'dialogisch karakter' van een verhaal noemt. Pas in zijn latere synthese (*Theorie des Erzählens*, 1979; Engelse vertaling *A Theory of Narrative*, 1984) waarin hij enkele van zijn vroegere opvattingen heeft genuanceerd, zijn er raakpunten

(3) Cf. H. van Gorp, *Het optreden van de verteller in de roman*, Hasselt, Heideland, 1970, pp. 88-111.

(4) Cf. o.a. W. Kayser, „Entstehung und Krise des modernen Romans", in *Deutsche Vierteljahrschrift für Literatur*, 28 (1954), pp. 417-446; „Das Problem des Erzählers im Roman", in *The German Quarterly*, 29 (1956), pp. 225-238; „Wer erzählt den Roman", in *Die neue Rundschau*, 68 (1957), pp. 444-459.

met Bakhtins concept[5]. De wijzigingen tegenover de vroegere publicaties zijn significant. De klemtoon wordt nu duidelijk gelegd op het dynamisch karakter van de vertelsituaties, waarin verteller en personages op elkaar betrokken zijn (Stanzel spreekt van interactie), en verder ook op de vrije indirecte rede waarin een dubbele stem (*Doppelperspektive, dual perspective*) kan worden beluisterd, wat leidt tot tekst-interferentie[6]. Toch is er geen sprake van een echte polyfonie, noch van een essentieel dialogisch verhaaldiscours. Stanzel blijft immers steken in de bekende tegenstelling tussen dialoog en verhaal (*showing / telling*).

Het narratologisch onderzoek van Gérard Genette lijkt dichter bij enkele van Bakhtins ideeën aan te sluiten. Zijn aandacht voor het discours is overigens reeds uit de titel van zijn belangrijkste studie af te leiden: *Discours du récit* (1972; Engelse vertaling *Narrative Discourse*, 1980). Het is bekend dat in het Franse structuralisme, mede onder invloed van het Russisch formalisme en Propps *Morphology of the Folktale* (1928; Engelse vertaling 1968), de klemtoon eerder lag op de manier waarop verhalen opgebouwd zijn, dan op de manier waarop ze worden verteld. Denken we maar aan Bremonds 'logica' van narratieve mogelijkheden, aan Barthes' functionele en actantiële aanpak en aan Greimas' actantieel model. Genette nu heeft deze structurele benadering weten te combineren met de Anglo-Germaanse traditie van discours-analyse in zijn interpretatie van Prousts *A la recherche du temps perdu* en heeft op grond daarvan een narratologisch systeem uitgewerkt waarin geschiedenis en 'vertellen' zijn geïntegreerd. Vandaar zijn bijzondere belangstelling voor verhaalwijzen en verhaalstemmen (*modes* et *voix*). Wat het eerste concept betreft, onderscheidt hij

(5) Directe invloeden zijn evenwel uitgesloten: Bakhtins naam wordt enkel in de bibliografie achteraan vermeld.

(6) Cf. W. Schmid, *Der Textaufbau in den Erzählungen Dostoevskijs*, München, Fink, pp. 9-16.

drie soorten van 'focalisatie' (zero-focalisatie, interne en externe focalisatie), die in één en hetzelfde verhaal kunnen alterneren (zie Stanzels *Dynamisierung der Erzählsituation*). Dit leidt volgens hem tot een vorm van 'polymodaliteit', een begrip dat verwant is aan Bakhtins polyfonie. Zoals Stanzel heeft Genette ook een speciale interesse voor de vrije indirecte rede. Hierin, zo stelt hij, spreekt het personage door de stem van de verteller „et les deux instances sont alors confondues" (1972, p. 194). Toch zal hij, anders dan Bakhtin, het verschil tussen de vele stemmen in een verhaal beklemtonen door erop te wijzen dat ze moeten onderscheiden worden qua verhaalniveau (principe van inbedding). Dit impliceert zijns inziens dat ze gehiërarchiseerd worden, wat duidelijk ingaat tegen Bakhtins visie van gelijkwaardigheid. Genette schrijft: „Tout événement raconté par un récit est à un niveau diégétique immédiatement supérieur à celui où se situe l'acte narratif producteur de ce récit" (1972, p. 238). Die aandacht voor diverse verhaalniveaus schijnt hem ervan te hebben weerhouden een verhaal te zien als een dialogische structuur waarin, zoals Bakhtin het formuleert, iedere stem evenwaardig zou zijn, aangezien er in elk spreken een echo of „framing" van stemmen aanwezig is[7]. Wij komen hier in ons tweede punt op terug. Toch is er een aanzet tot zo'n visie te bespeuren in Genettes diepgaande analyse van Prousts roman. Hij toont zich daarin duidelijk bewust van de complexiteit en confusie van stemmen in een literair werk. Overigens zal hij in latere studies zoals *Palimpsestes* (1982) – misschien wel onder de invloed van de ondertussen in Frankrijk via Kristeva bekend geraakte opvattingen van Bakhtin omtrent 'intertekstualiteit' – meer aandacht hebben voor het dialogisch

(7) Cf. G.S. Morson, „The Heresiarch of Meta", in *PTL*, 3 (1978), pp. 407-427; „Tolstoy's Absolute Language", in *Critical Inquiry*, 7 (1980-1981), pp. 667-687.

principe van verhalende literatuur. Hoe dan ook, als men de grondidee achter zowel Stanzels als Genettes narratologische studies recht doet, dan worden de personages er beschouwd als elementen van het verhaal en niet van het discours, zodat hun stemmen, als een logisch gevolg hiervan, ondergeschikt zijn aan die van de verteller(s). Met andere woorden, Stanzel en Genette, zoals overigens de meeste Westerse verhaaltheoretici, Booth en Chatman inbegrepen[8], gaan uit van een narratologisch standpunt bij de interpretatie van verhalen (dit wil zeggen zij releveren het onderscheid tussen het spreken van de personages en dat van de verteller), terwijl Bakhtin, die de roman in de eerste plaats beschouwt als een dialoog, vooral de interactie van beide beklemtoont.

In Wayne Booths *The Rhetoric of Fiction* (1961), waarin de communicatiekracht van verhaalkunst bijzonder sterk wordt beklemtoond, zijn op het eerste gezicht weer overeenkomsten met Bakhtins opvattingen te onderkennen. Zij dekken echter belangrijke verschilpunten toe, zoals mag blijken uit Booths recente commentaar bij het werk van Genette en Bakhtin zelf. Met betrekking tot Genette bekent Booth uitdrukkelijk: „If one could by magical stroke incorporate the virtues of other books into one's own, (one) that would be most helpful (…) is Gérard Genette's *Narrative Discourse* (…) [it] can be used to expand our notions of how story line works" (1983, p. 438). Terzelfder tijd verwijt hij echter Genette dat hij, zoals de meeste narratologen, te zeer opgaat in wetenschappelijke en theoretische kwesties die nogal onpraktisch zijn. Verhaalonderzoek moet tot iets leiden, zegt Booth: „Rhetorical study is

(8) Cf. D.H. Bialostosky, „Bakhtin versus Chatman on Narrative", in *The University of Ottowa Quarterly* (Special Issue: Cl. Thomson (ed.), *Mikhaïl Bakhtin in Contemporary Literary Theory*), 53 (1983), pp. 109-116; „Booth's Rhetoric, Bakhtin's Dialogics, and the Future of Novel Criticism", in *Novel*, 18 (1985), pp. 209-216.

study of use, of purposes pursued, targets hit or missed, practises illuminated for the sake not of pure knowledge but of further (and improved) practice (...). We want to know *why* one story or technique works better than another (...)" (1983, p. 441). In *The Rhetoric of Fiction* had Booth zichzelf duidelijk als een Aristotelisch 'functionalist' gemanifesteerd, in de traditie van Forster. Zijn studie spitste zich toe op de roman als middel tot communicatie, als een soort vertoog (*discourse*) gericht op een lezer(spubliek). Vandaar zijn interesse voor kwesties als de betrouwbaarheid van de verteller en van ironie in de roman, met name zaken die een vorm van 'dubbelstemmigheid' impliceren. Een zekere verwantschap met Bakhtins ideeën kan dan ook gezien worden in zijn omschrijving van de leeservaring als: „an implied dialogue among author, narrator, the other characters, and the reader", en hij voegde eraan toe: „Each of the four can range, in relation to each of the others, from identification to complete opposition, on any axis of value, moral, intellectual, aesthetic, and even physical" (1961, p. 155). Vanuit een bepaalde invalshoek loopt Booths werk dus parallel met dat van Bakhtin, namelijk in de aanname dat de totale structuur van een roman 'werkt' als een ideologisch middel. Het was dan ook niet te verwonderen dat hij in meer recente studies en opstellen (zie bijvoorbeeld het uitgebreid nawoord tot de tweede editie van zijn *Rhetoric* (1983), de inleiding op de tweede vertaling van Bakhtins *Problems of Dostoievsky's Poetics* (1984) en het opstel „Bakhtin and the Challenge of Feminist Criticism" (1982)) zijn belangstelling voor diens ideologisch getinte literaire kritiek heeft laten blijken en terzelfder tijd zijn afkeer van een zuiver vormelijke of technische benadering. In deze publicaties geeft Booth openlijk toe dat precies Bakhtins werk hem sinds 1961 het meest heeft beïnvloed, speciaal dan met betrekking tot de problematiek van dubbel- en meerstemmigheid in de roman. Zo schrijft hij in het bovenvermelde nawoord:

„Reading works like Bakhtin's *Problems of Dostoevsky's Poetics* has since taught me just how many types and shadings of doublevoicings we had all concealed under various highly general terms" (1983, p. 409). En even verder: „I have been especially impressed by the skill with which Mikhail Bakhtin crosses boundaries that my book seems to erect" (*ibidem*, p. 415), scheidingen namelijk tussen reële auteurs, impliciete auteurs, vertellers, personages en lezers. En hij besluit: „The important point is (...) that, to meet Bakhtin, I am required to underline what I said about Lawrence (namelijk in 1961,V.G.): the problem of objectivity is not, finally, a problem of particular techniques but of how all techniques are marshaled to convey a given vision of a world" (*ibidem*). Het grootste bezwaar dat Booth uit tegen Bakhtin, afgezien van het feit dat deze bepaalde ideologische stemmen (bijvoorbeeld de feministische) in verhalen als die van Dostoievsky veeleer verdoezeld heeft, is dat in diens werk geen sprake is van hiërarchie in die stemmen. Volgens Booth, die Bakhtin op zijn manier interpreteert, is namelijk een individu meer dan de neerslag van talen en stemmen gesproken door anderen; het is ook een persoonlijkheid met een *hierarchy of languages* (1982, p. 51). En op dit cruciaal punt wijken beider standpunten duidelijk van elkaar af. In Booths optiek wordt ideologie in laatste instantie 'eenstemmig' en 'hiërarchisch' ge(re)presenteerd omdat verhaalkunst volgens hem essentieel retorisch is. Bakhtins discours-analyse komt daarentegen veeleer naar voren als een opener, historische poëtica, of beter semiotiek van de verhaalkunst, waarin semantische opposities en verschillen worden gedramatiseerd. Kortom, Booth komt, zij het vanuit een typisch retorisch standpunt, eigenlijk tot dezelfde conclusies als Stanzel en Genette vanuit een narratologisch standpunt. De begrippen 'dialogiciteit' en 'polyfonie' lijken hiermee niet te verenigen. Laten wij deze grondbegrippen in Bakhtins werk daarom even verduidelijken.

Bakhtins polyfonie en dialogiciteit

Uit de publicaties van Stanzel, Genette en Booth mag gebleken zijn dat de westerse narratologie niet blind is geweest voor een zekere vorm van 'polyfonie', maar tevens dat men deze veelstemmigheid grotendeels heeft benaderd als een technisch procédé, een soort montage-techniek om verschillende gezichtspunten tegenover elkaar te stellen (denken we maar aan vormen van 'multiperspectivisch vertellen'[9] zoals de briefroman met meerdere briefschrijvers of het meervoudig ik-verhaal, type *Menuet* van Louis Paul Boon). De bedoeling van zo'n alternering van gezichtspunten zou hierin liggen dat het verhaal erdoor een dynamisch proces wordt. Dit polyperspectivisme is echter onvoldoende op zijn echte betekenis voor een verhalend discours bestudeerd. Blijkbaar ontbrak hiervoor een breder semiotisch perspectief. Jurij Lotman wijst hierop in *Die Struktur literarischer Texte* (1972): „(...) jeder der Blickpunkte im Text beansprucht Wahrheitsgehalt und tendiert dazu, sich im Kampf mit den konkurrierenden Blickpunkten durchzusetzen. Sobald ein solcher Sieg aber bis zur Vernichtung des entgegengesetzten Systems getrieben wird, vernichtet der siegreiche Blickpunkt sich künstlerisch selbst" (pp. 292-93; Engelse vertaling 1977, p. 279). En dat is precies wat retoriek op het oog heeft. Zoals Bakhtin schrijft in zijn kritiek op Vinogradow: „In rhetoric there are the unconditionnally right and the unconditionnally guilty; there is total victory, and annihilation of the opponent. In dialogue, annihilation of the opponent also annihilates the very dialogic sphere in which discourse lives (...). This sphere is very fragile and easily

(9) Cf. V. Neuhaus, *Typen multiperspektivischen Erzählens*, Köln – Wien, Böhlau, 1971.

destroyed (...)"[10]. Wij raken hier een punt waar Bakhtin telkens op terugkomt: echte polyfonie drukt een pluraliteit uit van 'gelijke' stemmen en meteen van de werelden die zij representeren: „the plurality of equal consciousnesses and their worlds" (1973, p. 4). In zijn studies over Rabelais en Dostoievsky heeft hij dan ook de frequentie, het ritme en de functies van gezichtspuntveranderingen steeds bekeken in het licht van de vele extra-tekstuele betekenissystemen waaraan de teksten in kwestie refereerden. Pas in zo'n bredere context krijgt het Bakhtiniaanse concept polyfonie zijn volle betekenis. Zoals in de muziek betreft het een samenklinken van twee of meer 'zelfstandige' stemmen, waarbij de horizontale lijnen van primaire, de verticale samenklanken van secundaire betekenis zijn (vergelijk met vormen van canonzang). De polyfone stijl in strikte zin is aldus een horizontale muziek waarin alle stemmen gelijk behandeld zijn en waarin de (grafische) bovenstem niet de functie van melodiestem vervult. Bakhtins polyfonie moet dus niet enkel worden tegengesteld aan een rechtlijnige monodie of homofonie (het monologisch discours) maar het moet ook onderscheiden worden van alle soorten van retorische heterofonie of 'verborgen homofonie'[11] zoals Booth ze in zijn *Rhetoric of Fiction* op het oog had. Voor Bakhtin representeert de polyfonische roman, type Dostoievsky, ideologieën als gelijkwaardig. Ze zouden in geen enkel opzicht onderworpen zijn aan het monologische woord van de verteller. Met betrekking tot Dostoievsky's *De dubbelganger* bijvoorbeeld schrijft hij: „the actors are the three voices into which Golyadkin's voice and consciousness have dissociated; the actors are not whole

([10]) Geciteerd naar M. Bakhtin, *Problems of Dostoevsky's Poetics*, Minneapolis, University of Minnesota Press, 1984, p. xxxvii (Editor's Preface).

([11]) cf. M.-P. Malcuzynski, „Mikhaïl Bakhtin and Contemporary Narrative Theory", in *The University of Ottowa Quarterly*, 53 (1983), pp. 51-65.

people, but rather the spiritual forces battling within" (1973, p. 205). Met andere woorden, de relatie tussen de verteller en anderzijds de held of de andere personages, welke in Booths werk duidelijk van hiërarchische aard was, is bij Bakhtin een relatie van stem tot stem, bewustzijn tot bewustzijn, discours tot discours. Waren ze wel retorisch, aldus Bakhtin, dan zou de dialoog van de roman verworden tot een gerichte boodschap (1973, p. 60).

De bovenvermelde niet-hiërarchische relatie tussen auteur, verteller en personages is, samen met de bredere semiotische benadering, het belangrijkste verschilpunt tussen Bakhtin en de meeste Westerse onderzoekers, beïnvloed als die zijn door een traditie van monologisch en causaal-functioneel denken (oorzaak-gevolg; middel-doel). Stanzel, Genette en Booth lijken niet echt geïnteresseerd in het wezenlijk dialogisch karakter van woordkunst. Bakhtins benadering is meer omvattend en tegelijkertijd diepgaander; hij reageert tegen een narratologische dichotomie tussen geschiedenis en verhalende tekst (*story - discourse*) en tegen de hiërarchie tussen verteller en personage(s) die ermee gepaard gaat. In één woord, zijn interesse voor menselijke verhoudingen en interacties overstijgt welke structuren ook van categorische aard. Maar deze fascinerende globaliteit is tevens de zwakte van Bakhtins model. Daarom in een laatste deel enkele opmerkingen over de moeilijkheden die rijzen bij zo'n Bakhtiniaanse benadering.

Kritische bedenkingen

De meeste hedendaagse literatuuronderzoekers zullen het waarschijnlijk met Bakhtin eens zijn dat een groot deel van de moderne romankunst een min of meer polyfonisch karakter vertoont. Het probleem is echter dat verhaalkritiek, zoals elke interpretatieve leesact, geneigd is om die polyfonie te begrijpen als het resultaat van een zekere integratie van verschillende stemmen. Zo'n lezing kan gemakkelijk voeren tot een reductie van die stemmen tot één enkele stem. Bakhtin gebruikt in dit verband het beeld van een symfonisch (georkestreerd) thema getransponeerd voor piano (1983, p. 263). Maar zelfs als de kritische lezer naar de verschillende stemmen wil luisteren, dan blijft ons inziens een zekere mate van integratie onvermijdelijk. Immers, zowel op het stilistische als op het ideologische vlak lijkt zo'n integrerende lectuur zich op te dringen. Bakhtin zelf heeft op die manier bijvoorbeeld Tolstoi gelezen[12] en in zijn theoretische studies zijn hier en daar suggesties in die zin te onderkennen. Zo schrijft hij omstreeks 1934: „These heterogeneous stylistic unities, upon entering the novel, combine to form a structured artistic system and are subordinated to the higher stylistic unity of the work as a whole (...)" (1983, p. 262). Elders spreekt hij van een „laatste semantische term of bedoeling" die gebroken wordt (*refracted*) in de vele stemmen en vertogen van een verhaal als geheel („the varying angles of refraction of intentions within it" (id., p. 416). De context waarin deze uitspraak staat luidt als volgt: „What is present in the novel is an artistic system of languages (...) and the real task of stylistic analysis consists in uncovering all the available orchestrating languages in the composition of the novel, grasping the precise degree of distancing that separates each language from its most immediate semantic instantiation in the work as a whole, and the varying angles of refraction of intentions within it, understanding their dialogic interrelationships and – finally – if there is direct authorial discourse, determining the heteroglot background outside the work that dialogizes it (...)"

([12]) Cf. S. Rimmon-Kenan, *Narrative Fiction: Contemporary Poetics*, London - New York, Methuen, 1983, p. 81.

(ibidem). Overigens lijkt Bakhtin hier en daar een hiërarchische verhouding tussen auteur en verteller impliciet te aanvaarden waar hij schrijft dat de auteur, als een derde, de dialoog tussen het discours van de verteller en dat van de personages 'gebruikt' (*utilizes*): „Behind the narrator's story we read a second story, the author's story (...). The narrator himself, with his own discourse, enters into this authorial belief system along with what is actually being told. We puzzle out the author's emphases that overlie that subject of the story, while we puzzle out the story itself and the figure of the narrator (...). If one fails to sense this second level, the intentions and accents of the author himself, than one has failed to understand the work" (1983, p. 314). Alles lijkt dus samen te vloeien in de auteursintentie. Als wij zo'n passage lezen, kunnen wij ons afvragen of hier Bakhtin dan wel Booth aan het woord is. Omschreef deze zijn 'impliciete auteur' niet als het centrale thema, de betekenis, de toon en de globale stijl van een kunstwerk? Toegegeven, Booths impliciete auteur mag een meer dominerende en 'kritische' derde partij zijn dan de semantische kern die Bakhtin bedoelt, maar vooronderstelt een 'breking' van auteursintenties niet dat er een soort eerste of laatste intentie is waar de lezer naar op zoek moet? Elders klinkt het nog duidelijker. Het belangrijkste is, zegt Bakhtin, na te gaan „how the authorial context succeeds in exploiting (...) the various means for replicating frames and re-stratifying them" (1983, p. 320). Het risico dat men aldus de vele nuances van elke stem gaat uitwissen (Bakhtin noemt het zelf *reaccentuation*) ten voordele van zo'n „laatste semantische kern" is dan ook verre van denkbeeldig. Met andere woorden, een polyfonische lezing, zelfs van een erg complexe en open tekst, is niet zo evident als het wel lijkt. De lezer wordt misschien wel tot zo'n open lectuur uitgenodigd, maar van een echte 'sturing' – hoe zou dit kunnen? – is geen sprake.

Receptie-onderzoek heeft overigens uitgewezen dat niet alleen monologische romans, maar ook 'dialogische' gewoonlijk monologisch gelezen worden. Dat is waarschijnlijk te wijten aan een klassieke hermeneutiek die steeds in de delen op zoek is naar het geheel. Op zo'n integrerende manier lezen wij trouwens meestal ook de verschillende romans van eenzelfde auteur. Bakhtin moet zich van dit probleem duidelijk bewust zijn geweest; immers, hij kende als geen ander het fenomeen van de 'canonisatie' en de 'heraccentuering' in de literatuurgeschiedenis. Zo schrijft hij: „(...) several types and variants of double-voiced discourse can, when being perceived, very easily lose their second voice and fuse with single-voiced direct speech" (1983, p. 419). Denken we bijvoorbeeld maar aan de latere lezingen van een parodie die niet meer verstaan wordt. Het blijkt ook uit de conclusie van zijn studie over Dostoievsky. De passage luidt als volgt: „The polyphonic novel makes new demands on aesthetic thought as well. Raised on monologic forms of artistic visualisation (...) aesthetic thought tends to absolutize those forms and not see their boundaries. This is why the tendency to monologize Dostoievski's novel remains to this day so strong. It is expressed in a striving, through analysis, to give finalizing definitions to the heroes, to find without fail a definite monological authorial idea (...)" Het lijkt wel een sociologisch spel-gegeven (*game model*), dat op vele domeinen van het leven doorwerkt. Zo schrijft Norbert Elias dat men geneigd is te geloven dat er 'iemand' moet zijn die 'macht' heeft; omdat wij de druk van macht voelen, vinden wij altijd een persoon, een instantie uit die ze uitoefent of een soort van bovennatuurlijke entiteit als 'natuur' of 'staat' waarin wij de macht situeren[13]. Iets gelijkaardigs, dunkt ons, doet zich voor bij het lezen. Onze leesattitudes, een erfenis van spreek- en denktradities,

([13]) N. Elias, *Wat is sociologie?*, Utrecht, Het Spectrum, 1971.

zijn van die aard dat wij zo'n uiteindelijke instantie als garant van wat wij lezen nodig schijnen te hebben; gebeurtenissen, bijvoorbeeld, worden vrijwel steeds gelezen als een lineaire keten van oorzaken en gevolgen, daar contingentie niet te 'verstaan' is. Een unilineaire, 'monologische' lectuur van teksten moet ons des te minder verwonderen als men met een hele roman of beter, met een roman 'als geheel' te maken heeft. Bakhtin zelf heeft zich hiervoor niet echt geïnteresseerd, zelfs niet met betrekking tot Dostoievsky's *De dubbelganger*. Begin en einde van een verhaal – toch belangrijke interpretatieve gegevens – of specifieke structuuraspecten (zoals plot, figurenconstellatie, setting in tijd en ruimte) waren voor hem slechts van secundair belang. Hij had vooral belangstelling voor 'kleinere' stilistisch-semantische fenomenen zoals zones van stemmen of verschuivingen in het spreken[14]. In het voorwoord tot de tweede editie van zijn *Problems of Dostoevsky's Poetics* (1973) geeft hijzelf toe dat „the book does not pretend to be an exhaustive study of the problems raised, especially of such complex problems as that of the entirety of the polyphonic novel" (p. VII). Maar kan een echte narratologie wel zonder aandacht voor een plot, voor hoe een verhaal is opgebouwd, zoals de formalisten het uitdrukten? Hangt de narrativiteit van een tekst niet mede af van de graad waarin die tekst aan een verlangen bij de lezer tegemoetkomt door een temporeel georiënteerd geheel te presenteren[15]? Het komt me daarom voor dat polyfonie, al is ze een dynamische interactie van stemmen, die dus een progressiviteit in zich draagt, als narratologisch begrip tekort schiet, dit wil zeggen te strikt beperkt blijft tot het discours. De vraag van lezers naar een

([14]) Cf. M. Bakhtin, *o.c.*, p. xxxviii (Editor's Preface).

([15]) G. Prince, *Narratology: The Form and Functioning of Narrative*, Berlin, Mouton, 1982, p. 160. Vgl. met Booth in M. Bakhtin, *o.c.*, p. xxiii: „[the] reader's need for some sort of closure, the need for a plot."

plot – hoe los ook – en hun behoefte naar een zekere 'sluiting' mag niet als secundair beschouwd worden in het verhaalonderzoek. De moeilijkheid is echter hoe polyfonie en temporaliteit met elkaar verbinden; het lijkt wel een *contradictio in terminis*. Een wellicht te simpel voorbeeld mag dit verduidelijken.

Nemen we *Menuet* van Boon, een 'polyperspectivisch' verhaal met meervoudige ik-verteller. Zoals het voor je ligt, lees je het progressief, beginnend met de titel en het verhaal van de man, over het verhaal van het meisje naar het verhaal van de vrouw. Als 'verhaallezer' neem je alle elementen 'temporeel' in die volgorde door en verbind je actuele lectuurgegevens (bijvoorbeeld uit verhaal 2) met reeds tevoren gelezen verhaalelementen. Het gevolg van zo'n temporele en progressief cumulerende 'motiefgaring' is dat de lezing van verhaal 3 als het ware overspannend ook de verhalen 1 en 2 in zich opneemt en meteen als een soort van globale interpretatie of 'sluiting' gaat functioneren. De vrouw (verhaal 3) krijgt hierbij het laatste woord; haar stem, aanvankelijk slechts een vrij negatief klinkende tegenstem in de verhalen van de man en het meisje, krijgt de boventoon. Niet enkel omdat zij nu de kans krijgt zichzelf (genuanceerder) voor te stellen, maar ook – ik zou durven zeggen vooral – omdat zij *na* de anderen aan het woord komt (mag komen). Dit is te wijten aan de temporele schriftuur en lectuur van het hele verhaal. Op een schilderij of in een muziekstuk is dat wellicht niet zo stringent en zijn er misschien meer 'simultane' lezingen mogelijk. Denken we maar aan de polyfonische muziek waarin verschillende stemmen zonder hiërarchie samenklinken. Denken wij aan plastische kunstwerken die in één oogopslag kunnen worden gezien, hoewel ons oog waarschijnlijk ook hier door een centrum (bijvoorbeeld in een triptiek) of door een compositie van kleuren, vormen of lijnen gericht wordt of om andere redenen bepaalde elementen op de voorgrond trekt.

Denken wij met name ook aan een dans zoals het menuet, waarin de partners verwisselen zonder dat de temporele volgorde die er uiteraard is aan één van hen de 'leiding' geeft. In verhaalkunst – althans 'traditionele' verhaalkunst – blijkt die temporele lineariteit bijzonder belangrijk te zijn. Een experiment met het genoemde *Menuet* van Boon wijst alvast in die richting. Door toevallige omstandigheden las ik zelf de verhalen 2 en 3 vóór verhaal 1 dat ik een tijdje geleden apart had doorgenomen bij het voorbereiden van een college. Daar ik via die andere volgorde bepaalde passages anders ging interpreteren, deed ik de proef over met een aantal studenten die, in groepjes verdeeld, *Menuet* in een andere volgorde dan de 'normale' doorlazen (3, 2, 1; 2, 3, 1; 3, 1, 2; 1, 3, 2). De resultaten waren navenant. Niet alles 'klopte' zoals in de boekversie (bepaalde tekstelementen, zoals bijvoorbeeld het titelwoord, of de krantenknipsels, of de spanning rond wat er nu eigenlijk aan de hand was tussen de drie personages kregen een andere resonantie), maar duidelijk was wel dat die andere lezingen een deels andere 'sluiting' met zich meebrachten; wellicht omdat andere personages het laatste woord kregen. Dit laatste woord (Bakhtins laatste semantische bedoeling of Booths impliciete auteur: van 'wie' komt de titel 'Menuet'? 'wie' zit achter de krantenknipsels? enzovoort) is meteen het laatste woord van de lezer die op grond van en afhankelijk van het *suzjet* van het verhaal, er een 'diepere' betekenis aan toekent. Het lineair voorgestelde en temporeel gelezen *suzjet* is van wezenlijk belang voor een narratologische analyse.

Om te eindigen: hoewel wij Bakhtins open aanpak van de vele stemmen die spreken in een roman, evenals zijn aversie tegen elk autoritair en monologisch discours delen, kunnen wij niet anders dan herhalen dat, narratologisch gesproken, zijn menselijke, 'dialogische' aanpak eerder een provocerende en stimulerende oproep is om onze leesgewoonten (en ook wereldbeschouwing) te veranderen, dan een direct toepasbaar analysemodel voor de roman als geheel. Zijn onderzoek van de vele stemmen in de roman zal ons ongetwijfeld meer bewust maken van de complexiteit van verhalende communicatie. Het blijft echter, zoals Ann Shukman schrijft, eerder beperkt tot een theorie over het discours in de roman dan dat het een theorie over de roman biedt[16]. Ik zou dan ook niet zover willen gaan als Wayne C. Booth, waar hij in een opwelling van '(h)erkenning' schrijft: „When Bakhtin is right, a very great deal of what western critics have spent their time on is mistaken, or trivial, or both."[17]

([16]) A. Shukman, „Between Marxism and Formalism: The Stylistics of Mikhaïl Bakhtin", in E. Shaffer (ed.), *Comparative Criticism: A Yearbook, 2*, 1980, pp. 221-234 (p. 225).

([17]) Cf. M. Bakhtin, *o.c.*, p. xxiv.

PICARESKE VERTELSTRUCTUREN?[1]

In een recent overzichtsartikel van Ton Anbeek over „Nieuwe ontwikkelingen in de verhaaltheorie", waar naar aanleiding van het werk van Propp, Bremond, e.a. de mogelijkheid tot generalisatie sterk wordt betwijfeld, komt de auteur tot de volgende, voorzichtige conclusie: „We kunnen over de pogingen de methode van Propp toe te passen op andere teksten dan Russische toversprookjes zeggen dat dit alleen zinvol lijkt als het gaat om een corpus teksten waarin een standaardplot en standaardpersonages herkenbaar zijn."[2] Als mogelijke toepassing (aanpassing) van die methode wordt terloops verwezen naar een bijdrage van Kibédi Varga over „Vertelstructuren van het Franse klassicisme."[3] Het gaat daar, aldus Varga, „wat het handelingsverloop betreft, om een vrij homogeen corpus van teksten", wat het theoretisch mogelijk maakt „om de wetmatigheden van de vertelstructuur algemeen te formuleren."[4] In deze bijdrage zouden we een poging willen wagen om, ons inspirerend op de methode van Propp, maar tevens rekening houdend met de meer semantisch gerichte aanpassingen ervan door de Franse

(1) Oorspronkelijke referentie: H. van Gorp, „Picareske vertelstructuren?", in *Raam*, 104 (1974), pp. 107-124; ook in *Tekstboek Algemene Literatuurwetenschap*, Baarn, Ambo, 1977, pp. 208-228.

(2) T. Anbeek, „Nieuwe ontwikkelingen in de verhaaltheorie", in *Raster* 6 (1972), p. 326 (313-329). Zie ook P. W. M. de Meijer, „Eenvoudige vertelstructuren: Propp en Lévi-Strauss", in *Forum der Letteren*, 11 (1970), pp. 145-159 en J. P. Guépin, „Propp kan niet en waarom", in *Forum der Letteren*, 13 (1972), pp. 129-147, 14 (1973), pp. 30-51.

(3) In *Forum der Letteren*, 11 (1970), pp. 160-169.

(4) *Ibid.*, p. 160.

structuralisten[5], dergelijke wetmatigheden op te sporen in een corpus van teksten dat in de literatuurgeschiedenis bekend staat als 'de Spaanse schelmenroman.'[6] Kan Propp toch?

We zijn niet blind voor de vele moeilijkheden die bij een dergelijke poging rijzen. In het genoemde artikel over vertelstructuren van het Franse classicisme heeft Varga zich bewust willen beperken tot 'het serieuze genre', er als waarschuwing voor de onderzoeker aan toevoegend: „Men weet hoe streng de klassieke esthetica de genres en de overeenkomstige stijllagen van elkaar scheidde (...). Slechts wanneer de vertelstructuren van het tragische genre gedefinieerd zijn binnen het klassicisme, zou hij [= de onderzoeker, V.G.] de volgende stap mogen wagen en ook het tragische verhaal van andere esthetische stromingen of het klassieke komische verhaal (in toneel zowel als in vertellingen) in zijn studie mogen betrekken"[7]. Voor de onderzoeker van de Spaanse picareske roman voorwaar geen prettig vooruitzicht. Men bedenke daarbij nog dat de literatuurhistorici

(5) Zie vooral A.-J. Greimas, *Sémantique structurale,* Paris, Seuil, 1966; R. Barthes, „Introduction à l'analyse structurale des récits", in *Communications,* 8 (1966), pp. 1-27; Cl. Bremond, *Logique du récit,* Paris, Seuil, 1973; T. Todorov, *Grammaire du Décaméron,* Den Haag, Mouton-De Gruyter, 1969.

(6) We beperken ons hier tot de vier bekendste picareske romans uit de periode 1550-1620: *Het leven van Lazarillo de Tormes* [LT] (Ned. vertaling van C. F. A. van Dam, Amsterdam - Antwerpen, 1965); *Het leven van Guzmán d'Alfarache* [GM] (Ned. vertaling 'tot Rotterdam, by Abraham Pietersz. Boeckverkooper. Anno 1655'); *Verhaal van de lotgevallen van den gelukzoeker Don Pablo, het model van vagebonden en de spiegel voor schelmen* [DP] (Ned. vertaling door H.H.A. Nijs, Rotterdam, 1926); *Das Leben des Schildknappen Marcos von Obregòn* [MO] (Duitse vertaling van R. Specht, in *Spanische Schelmenromane,* vol. 2, München, Carl Hanser Verlag, 1965, met nawoord van Horst Baader). Het hele corpus bevat een veertigtal werken; zie hiervoor Helmut Petriconi, „Zur Chronologie und Verbreitung des Spanischen Schelmenromans (1928)", in H. Heidenreich (Hrsg.), *Pikarische Welt,* Darmstadt, Wissenschaftliche Buchgesellschaft, 1969, pp. 61-78, vooral pp. 64-65.

(7) A. Kibédi Varga, *o.c.*, p. 161.

deze romansoort, om het zacht uit te drukken, geen al te strenge plot hebben toegekend.

Een tweede moeilijkheid situeert zich op een ander vlak, hoewel ze ook bij Varga impliciet ter sprake komt. Ging het daar niet om „vertelstructuren van het *tragische* genre" (onze cursivering), een attribuut dat zowel een esthetische categorie betreft als een bepaalde levenshouding? Ik wil hier niet zo ver gaan als Bremond, en de diverse vertelmogelijkheden en realisaties beschouwen als de directe weergave van gedragsmogelijkheden en realisaties. Toch lijkt me het gebruik van zulke attributen gerechtvaardigd in een analyse van vertelstructuren, wanneer we ze gaan interpreteren als een kwaliteit die een verhaal in zijn geheel doordringt en waardoor de verhaalwereld in zijn diverse elementen bepaald en gekleurd wordt. Emil Staiger heeft iets dergelijks bedoeld met zijn controversiële *Grundbegriffe der Poetik* (1946). Waar hij het echter had over de drie hoofdgenres van epiek, lyriek en dramatiek, zouden wij, in het beperkte kader van ons onderzoek, die kwaliteiten willen situeren op het niveau der ondersoorten. Zoals men zich binnen het dramatische niet alleen tragisch, maar ook komisch kan opstellen, wat bij sterke dominantie tot een tragedie of komedie leidt, is er binnen het epische plaats voor een heroïsch-galante, een bucolisch-pastorale en… een picareske houding, eventueel uitmondend in ridderromans, herderromans en schelmenromans. De lezer zal reeds gemerkt hebben dat we met deze laatste classificatie alluderen op drie vertelhoudingen die door André Jolles in een boeiend artikel „literaire travestieën" werden genoemd[8]. We menen dat die verkleding, in ons geval een picareske opstelling, mede in een analyse van verhaalstructuren dient

([8]) A. Jolles, „Die literarischen Travestien: Ritter-Hirt-Schelm (1931)"; opgenomen in *Pikarische Welt*, pp. 101-118: „Das Heroische, das Bukolische, das Pikareske – wir kennen diese Begriffe mindestens ebensogut aus dem Leben selbst wie als literarische Erzeugnisse" (p. 103).

te worden betrokken, wat in de morfologische aanpak van Propp en zijn volgelingen niet tot zijn recht komt.

Moeilijkheden genoeg dus voor een strikt structurele verhaalanalyse, maar ook mogelijkheden. Wordt de Spaanse picareske roman niet beschouwd als een 'eenvoudig' verhaal met overwegende, zo niet uitsluitende aandacht voor de uiterlijke handeling, wat een benadering à la Propp als het ware uitlokt? De romantheoretici zijn hier nagenoeg eensgezind. Edwin Muir typeerde in 1928 reeds de schelmenroman als een vermenging van de primitieve *novel of action* en de novel of character: „The object of the picaresque novel is then to take a central figure through a succession of scenes, introduce a great number of characters, and thus build up a picture of society[9]." En Wolfgang Kayser omschreef twintig jaar later de schelmenroman in eerste instantie[10] als een *Raumroman* en verbond hem direct met volkse verhalen opgebouwd volgens het principe der Addition[11], uit een reeks schelmstukken. Propp lijkt wel aan het woord: „Zur Struktur des Streiches gehören der Übeltäter, das Opfer, die Provokation und die Tat, und zwar so, dass der Übeltäter eine empfundene Provokation an dem ahnungslosen Opfer durch eine heimlich vorbereitete Tat vergilt, die es der Lächerlichkeit preisgibt[12]."

Een structurele analyse van de schelmenroman lijkt dus uitvoerbaar. Toch kan Propps morfologische omschrijving van het toversprookje niet zo maar worden aangepast, laat staan

(9) E. Muir, *The Structure of the Novel*, London, The Hogarth Press, 1954 (1928), p. 32.

(10) Later, in 1954, verbond hij hem ook met de *Figurenroman*. Zie W. Kayser, *Entstehung und Krise des modernen Romans*, Stuttgart, Metzlersche Verlagsbuchhandlung, 1963 (1954), p. 25: „Der Figurenroman kann z.B. aus der Reihung von Streichen erwachsen." Zie ook F.K. Stanzel, *Typische Formen des Romans*, Göttingen, Vandenhoeck & Ruprecht, 1964, pp. 67-68.

(11) W. Kayser, *Das sprachliche Kunstwerk*, Bern – München, Francke Verlag, 1961 (1948), p. 363.

(12) W. Kayser, *Entstehung...*, p. 25.

toegepast[13]. Is de term „ontwikkeling" die erin centraal staat niet te sterk voor een additief opgebouwd verhaal, krijgt dit op het einde wel een „ontknoping" en zijn de „intermediaire functies" in de picareske roman strikt te omlijnen? Een nader onderzoek kan hierover uitsluitsel geven. Laten we het even proberen.

De functies

Een functie is, aldus Propp, „de handeling van een personage bepaald vanuit het gezichtspunt van de betekenis van die handeling voor de ontwikkeling van het geheel van de gebeurtenissen[14]." We konden in het beperkte corpus (zie noot 6) de volgende, soms complexe, functies onderscheiden:

1. 'ik ben de zoon van'

De onderzochte schelmenromans beginnen allemaal[15] met een beschrijving van het milieu waarin de titelheld (anti-held) thuishoort. De *Lazarillo* begint aldus:

> UEd. [d.i. U Edele] moet dan vóór alles weten dat men mij Lazaro van de Tormes noemt, de zoon van Tomé Gonzales en van Antona Perez, afkomstig uit Tejares, een buurtschap

(13) V. Propp, *Morphologie du conte,* Paris, Seuil, 1970, p. 112: „On peut appeler conte merveilleux du point de vue morphologique tout développement partant d'un méfait (A) ou d'un manque (a), en passant par les fonctions intermédiaires pour aboutir au mariage (W) ou à d'autres fonctions utilisées comme dénouement."

(14) Geciteerd naar P. W. M. de Meijer, *o.c.*, p. 148.

(15) Voor MO van Vicente Espinel, een verhaal met een erg gecompliceerde, niet steeds geslaagde structuur, moeten we nuanceren. De ik-figuur begint eigenlijk pas zijn levensverhaal te vertellen aan een personage van de roman, de kluizenaar (einde 1, 8). De voorgaande hoofdstukjes (verblijf bij dokter Sagredo en vertrek, gevolgd door episode bij de edelman) kunnen als een soort uitbreiding van de 'vertelsituatie' worden geïnterpreteerd. Voor MO wordt de *suzjet*-analyse hier dus enigszins geweld aangedaan.

> van Salamanca. Ik werd geboren in de rivier de Tormes, en daaraan dank ik mijn bijnaam, en dat ging zo. Mijn vader – God moge het hem vergeven – moest een watermolen bedienen, die aan de oever van die rivier staat, en waarin hij meer dan vijftien jaar molenaar was; en toen mijn moeder, zwanger van mij, op een nacht in de molen vertoefde, moest zij bevallen en zij bracht mij daar ter wereld; zodat ik naar waarheid van mij zeggen kan dat ik in de rivier ben geboren (p. 17).

De afkomst van Guzmán – uit vervallen adel – wordt al even opmerkelijk getekend. De ik-figuur vertelt de lezer vrij uitvoerig over zijn ouderlijk huis, waar hij twee vaders heeft gehad,

> (...) aen wie mijn Moeder, yder voor sijn eyghen Soon my fraey wist op te draghen, in voeghen sy my beyde voor haer Kindt hielden (...)[16].

Uit het eerste hoofdstuk van *Don Pablo,* „waarin verteld wordt wie hij is en vanwaar hij komt"[17], blijkt dat de held de zoon is van een niet al te eerlijke baarden- en beurzensnijder en een „joodsche" moeder met koppelaarspraktijken. In *Marcos de Obregón* is de milieutekening niet zo duidelijk. De ik-figuur vermeldt zijn geboorteplaats – „Ik kom uit Ronda" – maar laat zich slechts indirect uit over zijn ouders[18].

([16]) GM, 1, pp. 12-13. Vergelijk met andere picareske verhalen uit die tijd en later. De *Picara Justina,* bijvoorbeeld, is een „dochter, kleindochter en achterkleindochter van zeer verdacht volk. Haar vader, een herbergier, wordt door een verbolgen gast vermoord" (zie J. ten Brink, *Romans in proza,* Leiden, 1899, p. 311). In Cervantes' *Rinconete y Cortadillo,* een verhaal met duidelijk picareske trekken, zegt de eerste titelfiguur: „(...) mijn vader is iemand van stand, want hij is een dienaar van de heilige kruistocht, ik bedoel dat hij aflatenverkoper is of 'buldero', zoals het volk dat noemt." Cortadillo's vader is kleermaker: „hij leerde mij zijn vak, en van het knippen met de schaar kwam ik door mijn vlug verstand tot het snijden van beurzen"(*Elf voorbeeldige novellen,* Amsterdam, 1966, p. 118 resp. 119).

([17]) DP, p. 3.

([18]) MO, p. 229 resp. 231-232.

2. *'bij mij thuis ging het niet zo best'*

De uitgangssituatie van de picareske roman moet meestal letterlijk worden genomen. Ze staat in direct verband met de 'thuis' (functie 1) van de ik-figuur. Een van de ouders of beide sterven (de vader van Lazarillo, de twee vaders van Guzmán, de moeder van Marcos); er werd/wordt overspel gepleegd (LZ, GM en DP). De *picaro* heeft geen thuis meer, is als „hoerekind" ongewenst (LZ, p. 18; vgl. ook DP, pp. 9-10) en wordt (op) weg gestuurd. Laten we dit even toelichten. Lazarillo's moeder is weduwe geworden, leeft een tijdje met een neger en wordt dienster in een herberg waar ze haar 'weeskind' als zoon meegeeft met een blinde (p. 20). De moeder van Guzmán toont zich al even bedreven in het vak. Guzmáns twee vaders moeten het bekopen met hun leven en de weesjongen wordt aan zijn lot overgelaten:

> Hier stondt ick nu sonder d'een of d'ander Vader, beroyt (...) ick was arm, slap om te wercken, wel verplicht om veel te doen, maer tot weynigh bequaem (...) dies ick voornam mijn Huys ende Geboorte-stadt te verlaten, ende deze miseryen te ontvluchten (...). Aldus gingh ick om de wereld te besien, my verder aen God en de goede Lieden bevelende (I, pp. 17-18).

De ouders van Pablo ruziën zozeer om hun zoon dat de jongen het wijselijk acht uit de buurt te blijven en naar school te gaan:

> (...) en ik bleef alleen, den hemel dankend dat hij mij zulk een geschikt en voor mijn welzijn bezorgd ouderpaar had gegeven[19].

Bij Marcos verloopt het ook hier enigszins anders. Hij heeft zelf als het ware het initiatief genomen. En toch is de

(19) DP, p. 7. In hoofdstuk VII verneemt Pablo van zijn oom hoe zijn vader werd op geknoopt. Als 'dienaar des konings' (p. 60) kon die het weten. En Pablo's moeder, „ofschoon nog in leven (...), is opgesloten in de gevangenis van de Inquisitie te Toledo" (*ibidem*).

uitgangssituatie ten dele analoog: „Die Armut hat mich aus meinem Elternhaus geholt oder besser gesagt geworfen" (p. 232).

3. 'ik werd de wereld ingestuurd'

Functie 2 gaat in de picareske roman vaak gepaard met een raadgeving tot afscheid, althans wanneer de jonge knaap uitgeleide wordt gedaan. De moeder van Lazarillo geeft hem haar zegen en zegt:

> Mijn jongen, ik weet dat ik je nooit zal weerzien; probeer braaf te zijn, en moge God je geleiden; ik heb je grootgebracht en bij een goede baas in dienst gedaan: help nu verder je zelf (p. 20).

In vrijwel dezelfde bewoordingen krijgt Marcos een vaderlijke zegen mee:

> Mein Sohn, mein Vermögen reicht lediglich zu dem, was ich bereits getan habe, geht und sucht Euer Glück. Gott geleite Euch und mache Euch zu einem Ehrenmann (p. 23).

En Pablo krijgt van zijn vader de volgende 'goede raad':

> Mijn zoon, het beroep van dief behoort niet tot de technische, maar tot de vrije kunsten (...). Wie niet steelt, zal niet leven (p. 5).

4. 'naïef als ik was werd ik dra beetgenomen'

De raadgeving dringt echter niet onmiddellijk tot de ikfiguur door, Lazarillo is dra een illusie armer. Zijn eerste meester, de blinde, laat hem aan den lijve ondervinden dat hij uit zijn doppen moet kijken:

> Onnozel als ik was, bracht ik mijn oor bij de stier, in de mening verkerende dat het waar was (p. 20).

Ook Guzmán maakt zijn leerschool door. Bij hem zal echter niet de hersenpan, maar moeten maag en darmen het ontgelden. De „valsche Waerdinne" uit de eerste herberg waar hij aankomt, heeft het direct door; daar zij hem

> jongh, kinderachtig en onnoosel achte te wesen, docht sy, 'Dit's een goe Slocker, hy sal niet sien of se vuyl of schoon zijn' (I, p. 20).

en schotelt Guzmán bebroede eieren voor. Onmiddellijk daarna zal ook de ezeldrijver, hem „jong, alleen, en van goeden aert siende" (I, p. 22), de kans niet laten liggen om hem een poets te bakken.

De jonge Pablo, op de dorpsschool reeds het slachtoffer van gesimuleerde stierengevechten, beleeft een aantal minder prettige ervaringen in het kosthuis van Segovia en aan de academie te Alcalá (herbergepisode, ecce-homo-tafereel en studentendoop) waar hij 'ontgroend' wordt (hfdst. III-V). Marcos wordt in een soortgelijke herbergscène duchtig beetgenomen: „Das war die erste meiner vielen Enttäuschungen" (p. 234).

5. *'ik kwam al gauw tot inzicht'*

Die eerste desillusies (functie 4) brengen de jongeman vrij vlug – de een doet er wel wat langer over dan de ander – tot het besef dat hij in de wereld op niemand anders dan zichzelf hoeft te rekenen. Het 'help je zelf' van functie 3 krijgt nu een existentiële betekenis. Lazarillo wordt het trouwens nog eens voor alle duidelijkheid in de oren geprent: „Ezel, leer van mij dat de knecht van een blinde nog altijd iets slimmer moet wezen dan de duivel zelf" (p. 21). Hij ontwaakt uit de staat van onschuld waarin hij als kind altijd geslapen had en zegt bij zichzelf:

> Deze man heeft het bij het rechte eind; het is zaak voor mij om op mijn qui-vive te wezen en op mijn hoede te zijn; ik sta immers alleen op de wereld en ik moet dus wel bedenken hoe ik mij er doorsla (p. 21).

Zo ook met Guzmán. Hij begint, zij het niet zo vlug als Lazarillo, de bedrieglijke wereld van herbergiers(ters) en ezeldrijvers te doorzien en beklaagt zich in zijn „onbedachte los-hoofdigheijdt sich erghens toe begeven [te hebben], sonder op de toekomende ongemacken te denken" (I, p. 22). De *buscón* komt pas tot inzicht na de gemene streek die zijn medestudenten met hem hebben uitgehaald:

> Ik zei tot mezelf. 'Opgepast Pablo, wees op je hoede'. Ik nam mij voor om een nieuw leven te beginnen (p. 45).

Marcos de Obregón van zijn kant trekt de les uit zijn al te naïeve ijdelheid:

> Ich hatte keinen Anlass, mich über das Vorgefallene zu schämen, sondern Anlass, für die Zukunft zu lernen, wie man den Dingen dieser Welt gegenüber gelassener wird (p. 234).

6. *'ik wou wraaknemen'*

Geleerd door scha en schande en tot inzicht gekomen in 'de dingen van deze wereld' (resp. functies 4 en 5), tracht de ikfiguur wraak te nemen. Weer geeft Lazarillo het voorbeeld; zonder zijn slimheid en handigheid zou hij immers vele malen van honger zijn omgekomen. Hij gaat daarom op zijn beurt zijn meester „heimelijk tracteren" (cf. p. 22). Guzmán verneemt van zijn metgezel, de ezeldrijver, hoe de valse waardin betaald werd gezet door twee reizigers aan wie ze eveneens bebroede eieren had voorgezet. Onmiddellijk volgt de reactie:

> (...) ick swere, indien ick haer noch eens te sien krijgh, dat ick'er sal betalen, dat het haer heughen sal een jonghen bloedt met vuyle Eyers bedrogen te hebben (I, p. 27).

Het 'wees op je hoede' van hoofdstuk V in de *Buscón*, is aan het begin van hoofdstuk VI een duidelijke beslissing geworden:

> 'Doe zoals gij ziet doen', zegt het spreekwoord, en het is goed gezegd. Na rijp beraad kwam ik tot het besluit om schelm te zijn met de schelmen en zoo mogelijk allen te overtreffen (p. 46).

Marcos voelt zich zo gekwetst in zijn eigenliefde en gegriefd om de poets die men hem gebakken heeft, dat hij, hoewel „kein Freund der Rache", er alles op wil zetten „etwa eine Möglichkeit zu finden, wie jener Spassvogel es [...] bezahlen musste" (p.234).

7. 'ik werd schelm'

Het inzicht in de bedrieglijkheid van de wereld (functie 5) en de duidelijke wil om wraak te nemen (functie 6) brengen de ik-figuur tot zijn eerste schelmstukken. Lazarillo haalt met de blinde „verduiveld sluwe streken" uit, waarvan hij er enkele zal vertellen. Guzmán wordt al gauw geïnitieerd in het vak door de waard van de tweede herberg die hij aandoet:

> Hier leerde ick de Haver in heet water vochtigh maken, om de helft te grooter te doen op swellen, valsche maet te gheven, met de handen wat uyt te krabbelen, of met den elleboogh achter de Strijck-stock uyt te hollen, ende een derde uyt de maet te stelen, voor de gene die mij 't voeden van haer Paerden bevolen (I, p. 52).

Pablo wou, naar eigen zeggen, schelm zijn met de schelmen. Als inkoper van levensmiddelen in dienst van een majordomus voegt hij onmiddellijk de daad bij het woord. De oude huishoudster en hij worden *„partners...* in het spel" en smeden „een komplot tegen de provisiekamer" (p. 47), zodat hij na korte tijd de roep krijgt „van een loos en geslepen jongmensch te zijn" (p. 57). Ook Marcos is zijn woord gestand. Met medeweten van twee reisgezellen doet hij zich in het bijzijn van de „schelmische Spassvogel" voor als een rijke jongeman. Deze wil voor hem borg staan met de bedoeling hem nog eens te laten opdraaien. Maar Marcos is op zijn hoede:

> dadurch fand er [= der Spitzbube, V. G] keine Gelegenheit, mich übers Ohr zu hauen, wie er gedacht hatte; dass ich es selber tate, vermutete er ja nicht[20].

8. *'ik leefde op het rad der fortuin'*

De op het eerste schelmstuk volgende verhaalfasen zijn een aaneenschakeling van 'schelmstreken' waarbij de *picaro* geworden ik-figuur, volgens de grillen der fortuin, nu eens bedrieger is, dan weer bedrogen. De „verduiveld sluwe streken" die Lazarillo bij de blinde uithaalt, lopen immers niet alle zonder schade voor hem af (zie p. 22), zoals hij achteraf moet bekennen. Brengt de ik-verteller trouwens geen relaas „over zijn wederwaardigheden en tegenslagen", zoals het in de ondertitel heet? En het betert er alvast niet op bij zijn tweede meester: „Ik raakte van de wal in de sloot" (p. 37). Het lot is hem nadien wel wat gunstiger gezind, zodat hij, na vier jaar waterdragen, op de eerste sport van de ladder is geklommen die leidde naar het „koninklijk beroep" van omroeper (p. 95 en 97). „In die tijd", zo eindigt Lazarillo zijn relaas, „ging het mij bijzonder goed en bevond ik mij op het toppunt van mijn voorspoed" (p. 100). Daarna moet het logischerwijze weer bergaf, zoals in het vervolg van Juan De Luna (1620) daadwerkelijk gebeurt[21] want uiteindelijk blijft Lazarillo de dupe van de historie.

Voor Guzmán, Pablo en Marcos lopen de zaken eigenlijk niet anders. Zij ook raken vaak „van het vagevuer in de Hel[22]".

([20]) MO, p. 235. Zie ook p. 237: „Ich lobe es nicht, dass ich diesen üblen Streich gespielt habe, es war ja letzten Endes Rache, die eines wackeren Herzens nicht würdig ist (...), wer aber einem Menschen übles antut, der es nicht verdient, was kann der ausser Rache und Strafe erwarten?"

([21]) Zie hiervoor de Ned. 'bewerking' van Bert Decorte (Antwerpen, Ontwikkeling, 1963), waar het 'Tweede deel' (= vervolg) begint met de dood van de corregidor en „Lazarillo's mizerie nadien" (p. 99).

([22]) GM, I, p. 29.

Kunnen ze niet met nog meer recht dan Lazarillo diens verzuchting tot de hunne maken:

> aan hoeveel ellende en wisselvalligheden en rampen zijn wij stervelingen toch blootgesteld, en hoe kortstondig zijn toch de geneugten van dit ons moeitevolle leven (p. 44-45).

Maar al zijn bij deze wisselende lotgevallen een aantal vergelijkbare episodes in het handelingsverloop niet te ontkennen (wisseling der 'meesters', de weg die wordt afgelegd...), we kunnen hier met Propp niet verder. De min of meer vaste volgorde der functies uit de beginfase van de romans is na functie 7 verdwenen. Veeleer is het verdere handelingsverloop een herhaling en uitbreiding van de functies 4 tot 7, in steeds wisselende variaties op eenzelfde thema. Lazarillo staat hier weer model. Zijn „wederwaardigheden en tegenslagen" bij de geestelijke en de kale jonker, en zijn vluchtige belevenissen bij een broeder van de orde der Mercedariërs, bij een aflaatprediker, een meester-schilder, een kapelaan en een gerechtsdienaar zijn enkel 'functioneel' in de zin dat ze de indruk geven een tijdruimtelijk beperkte episode (bij de blinde) aan te vullen tot een pseudo-autobiografie. Deze uitrekking en verruiming, vaak ook verdieping, is nog duidelijker te merken in GM, DP en MO. Op de steeds weerkerende motieven binnen het centrale thema van de fortuin en het bedrog komen we hieronder terug. Zij betreffen immers enkel het handelingsverloop in zover de ik-figuur na elk schelmstuk (bedrieger/bedrogen) weer verder moet. Kortom functie 8 dient veeleer te worden beschouwd als een globale structuur van verschillende „sequenties"[23] die door toevoeging en inbedding met elkaar worden gecombineerd. Het is bekend dat de picareske roman een losse vertelstructuur vertoont, wat meteen een minder 'functioneel' handelingsverloop impliceert. Slechts aan het einde is, en zelfs dat

(23) Cf. V. Propp, *o.c.*, hoofdstuk 9: „Le conte comme totalité", vooral pp. 112-117.

blijft open, nog een functie te ontdekken die het hele verhaal perspectief geeft.

9. 'ik ben wijzer geworden'

Lazarillo vindt een betrekkelijke rust en vrede in zijn huis, nadat hij getrouwd is met de meid van de aartspriester en heeft er „tot nog toe (...) geen spijt van."[24] Guzmán wordt op de galeien weer hoop op vrijheid gegeven en zal nalaten, zo belooft hij althans, „voortaen qualijck te leven."[25] Ook het einde van de *Buscón* blijft open. Hij vertrekt met „de kauw" naar Amerika om te zien of hij, door van land en volk te veranderen zijn lot zou kunnen verbeteren. Maar daar verging het hem nog erger: „Want hij verbetert nooit zijn toestand die slechts van plaats verandert en niet van leven en gewoonten" (p. 208). De oude escudero Marcos de Obregón tenslotte, tracht zijn leven veilig te stellen „und auf den Tod zu sorgen, bei welchem alle Dinge enden."[26]

De dramatis personae

Bij de analyse van het handelingsverloop is opgevallen dat de ik-figuur steeds weer geconfronteerd werd met een aantal tegenspelers. Laten we op de rol van deze 'personages' als handelingsdragers wat nader ingaan. We bestempelden hierboven reeds de picareske roman als een verhaal van de

([24]) In het vervolgverhaal van de Luna eindigt Lazarillo als een brave eremijt „want ik zag dat dit nog het beste leven is van al" (Ned. bewerking, p. 196).

([25]) De Duitse 'vertaler' Aegidius Albertinus laat hem daarna nog een geestelijke pelgrimage maken. Vergelijk met de bekendste Duitse schelmenroman (reeds ten dele *Bildungsroman*), namelijk Grimmelshausens *Simplicissimus Teutsch*.

([26]) MO, p. 522. Lesages Gil Blas, op MO geïnspireerd, eindigt zijn dagen op een buitenverblijf. Ook hier wordt, overeenkomstig de meer psychologische uitdieping van de titelfiguur, het 'open einde' meer gesloten.

ruimte. Deze concretiseert zich onder meer als weg, als herberg langs die weg, als onderwereld aan de zelfkant van de maatschappij, als gevangenis, theater, enzovoort. Het is een ambivalente speelruimte, die zowel toevluchtsoord als oord van verderf kan zijn en die aldus de mogelijkheidsvoorwaarden van het centrale thema insluit: het bedrog[27]. Deze 'picareske' wereld is het toneel waarop ik-figuur en antagonisten hun rol spelen. Want – en hier komt Propp er weer bij kijken – de personages van de picareske roman zijn in de eerste plaats geen psychische entiteiten, wel acteurs[28]. Propp onderscheidde er zeven in zijn morfologie van het toversprookje. Wij zouden voor de picareske roman, tegen de achtergrond van het schelmstuk als grondfunctie van het verhaal, drie basisrollen willen weerhouden, die in de loop van het verhaal over diverse dragers worden verdeeld: de bedrieger (B), de bedrogene of slachtoffer (b) en de tussenpersoon (B')[29].

De picaro, aan wie het genre zijn naam ontleent is, zoals uit de functies bleek, bij het begin van het verhaal de bedrogene, het slachtoffer (Pb) van de bedrieglijke wereld (WB) wiens rol gespeeld wordt door diverse 'meesters' en/of hun handlangers (B'). Hij wordt dra van slachtoffer schelm (PB)

([27]) Zie A. Guedj, „Structure du monde picaresque", in *La Nouvelle Critique*, (1968), pp. 82-87. Enkele van de hier voorgestelde bedrogsrelaties werden aan dit artikel ontleend.

([28]) Het grafschrift aan het einde van de Luna's vervolgverhaal is in dit opzicht illustratief: „Hier rust frater Lazarus Gonzales genaemt van de Tormez die nae *op 's weirelds tonneel de personagien te hebben uitgebeeldt* van blindenknaep, paepenknecht ende dienaer van velerlei meesters, ende nadien waeterdraeger, hannuyt, Indienreisiger, Seemonster, packdraeger ende joncker werdt, ende sterft als heremyt" (Decorte, p. 197; onze cursivering).

([29]) De picareske roman lijkt in dit opzicht schatplichtig aan het spelersmateriaal van de Latijnse komedie (Plautus, Terentius) en de *commedia dell'arte* met zijn strikt afgelijnde types van sluwe dienaar, *miles gloriosus*, rijke vrek, enzovoort. Zie voor dit laatste R. Wellek & A. Warren, *Theory of Literature*, New York, Harcourt, Brace & Cie, 1956 (1948), p. 210.

en maakt op zijn beurt te gelegener tijd gebruik van tussenpersonen. Deze (schijn)helpers, helpers of tegenstanders naargelang van de situatie[30], treden in het verhaal voornamelijk op als toevallige medereizigers en herberggasten, gevangenisbewakers en *dueñas*, opvoeders en huishoudsters, knechten en meiden... Zij nemen een tussenpositie in tussen koetsier en reiziger, waard en gast, rechter en gevangene, echtgenoot/minnaar en vrouw/geliefde, meester en student, jonker en dienaar, hoogwaardigheidsbekleder en secretaris...[31] Om beurt bedrieger en bedrogene, ontdekt de *picaro* dat alles hypocrisie en illusie is in een wereld waar de werkelijkheid niet beantwoordt aan de schijn. Dit picareske stramien (de bedrogsrelatie *picaro*-wereld) ligt aan de basis van (mogen wij zeggen: genereert?) een gevarieerd aantal schelmstukken. De belangrijkste ervan vermelden wij hieronder telkens met een voorbeeld[32]. Wij maken hierbij abstractie van hun syntagmatische functie in het handelingsverloop.

1. De picaro bedrogen: WB (+ B') vs Pb

De realisatie hiervan vinden we onder meer terug in functie 4: het eerste contact van de *picaro* met de 'bedrieglijke wereld.'

Vb. Lazarillo wordt door de blinde beetgenomen.
Guzmán wordt door een waard bedrogen met de hulp van een ezeldrijver.

Het is duidelijk dat dit type van schelmstuk (bedrogsrelatie) aan het begin van het verhaal frequenter is dan naar het einde

(30) Vgl. met Greimas' actantiële categorie „adjuvant vs opposant" (*Sémantique structurale*, Paris, Larousse, pp. 178-180).

(31) Voorbeelden van dergelijke 'tussenpersonen' in *Gil Blas* vindt men bij Guedj, *art. cit.*, p. 85.

(32) Wie enigszins met de picareske literatuur vertrouwd is, zal zonder moeite op basis van de eigen leeservaring deze voorbeelden met tal van andere kunnen aanvullen.

toe, wanneer de *picaro* meer inzicht heeft gekregen in die bedrieglijke wereld.

2. De picaro bedrieger: PB (+ B') vs Wb

Deze relatie is o.m. te vinden in functie 7.

Vb. Lazarillo steelt het brood uit de zak van de blinde.
Lazarillo opent de koffer met het offerbrood bij de geestelijke met de (ongewilde) hulp van de ketellapper.

De frequentie ervan in de loop van het verhaal staat in omgekeerd evenredige verhouding tot de vorige bedrogsrelatie.

3. De picaro helpt bedriegen: WB + PB' vs Wb

Is een variatie op type 2. Deze bedrogsrelatie komt o.m. voor waar de ik-figuur zijn 'vak' nog moet leren, of waar de *picaro* vertoeft in een 'broederschap' van schelmen.

Vb. Guzmán helpt de waard uit de tweede herberg bij het bedriegen van de ezeldrijvers.
De huishoudster kan haar meester bedriegen met de hulp van Pablo.

4. De bedrieger bedrogen: B > b

Deze vorm van wederzijds bedrog – poets wederom poets – is te beschouwen als een combinatie van type 1 en 2 met dezelfde tegenspelers. Ze geldt zowel voor de wereld (WB vs Pb > PB vs Wb) als voor de picaro (PB vs Wb > WB vs Pb). Men kan hier een verband zien met functie 6: de wraakneming. De ik-figuur uit MO spreekt expliciet over zo'n 'boemerangeffect' (p. 167; zie ook noot 20).

Vb. De blinde ontdekt het gaatje dat Lazarillo in de wijnkruik heeft gemaakt; hij laat het niet merken, maar slaat de volgende dag de kruik tegen Lazarillo's mond.

De valse waardin uit GM wordt op haar beurt beetgenomen door haar gastenslachtoffers (scène met bebroede eieren).

De motivaties

Onder het leidmotief van de 'fortuin' (zie functie 8) worden de bovengenoemde types van bedrogsrelaties, de schematische verhoudingen tussen bedrieger, bedrogene en tussenpersoon, met elkaar gecombineerd via een aantal verhaalmotieven. De dominantie van één of meer van hen geeft mede een eigen kleur aan elke roman[33]. De meest voorkomende motieven – ze worden wel eens 'typisch picaresk' genoemd – zijn begrijpelijkerwijze te situeren op het vlak van de materiële behoeften. Marcel Bataillon, een van de beste kenners van de Spaanse picareske roman, heeft de levenshouding van de schelm als volgt omschreven: „Jouir des biens élémentaires de la vie, manger à sa faim et boire à sa soif[34]." De eerste motivatie van een schelmstuk is dan ook vaak de honger.

1. Honger en dorst

Eten en drinken zijn begrippen die in elk picaresk verhaal motiefwaarde krijgen in de dubbele betekenis van het woord[35].

(33) Vgl. Propp, *o.c.*, pp. 91-92.

(34) M. Bataillon, „La Picaresca: A propos de *La picara Justina*", in H. Sckommodau & H. Meier (Hrsg.), *Wort und Text. Festschrift für Fritz Schalk*, Frankfurt am Main, V. Klostermann, 1963, p. 235 (233-250). W. J. Cameron heeft een dissertatie gewijd aan *The Theme of Hunger in the Spanish Picaresque Novel* (Iowa, 1956).

(35) We bedoelen hiermee de structurele en literair-historische betekenis van het begrip motief (cf. F. C. Maatje, *Literatuurwetenschap*, Utrecht, Oosthoek, 1970, pp. 207-213). De structurele motivatie binnen de diverse picareske romans is zo vergelijkbaar dat ze ook de literatuurhistoricus een dankbaar werkterrein biedt.

De *picaro* wordt meermaals tot zijn schelmstreken gedreven door honger. De eerste drie hoofdstukken van LZ, die meer dan drie vierden van het gehele verhaal uitmaken, verlopen langs dat hongermotief. Mijn eerste meester, zegt Lazarillo, was „zo'n gierige en krenterige man (...) dat hij mij liet doodhongeren" (p. 22). De kleine Lazarillo lijdt ook dorst, zodat hij besluit in de bodem van de kruik een gaatje te maken[36]. Het betert er niet op bij de geestelijke, integendeel, zodat Lazarillo zich bitter laat ontvallen:

> Ik heb twee meesters gehad: de eerste liet mij doodhongeren, en toen ik hem in de steek liet, liep ik deze tegen het lijf, die mij door de honger al aan de rand van het graf heeft gebracht, welnu als ik van deze man afzie en ik beland bij een ander die nog slechter is, wat zal er dan anders gebeuren dan dat ik moet sterven? (p. 41)

Bij de jonker moet Lazarillo, „die Goddank niet veel zorgen maakt over het eten", hieraan terugdenken wanneer er niets te krijgen valt.

Guzmán vertrekt uitgerekend op een vastendag van huis weg en zal het dra aan den lijve ondervinden:

> Het moet voort, de Kloot is geworpen, hij moet rollen; Ick moet sien dat ick ergens wat te eten krijgh. En soo vol couragie sloegh ick een wegh in, sonder dat ick wist waer hy na toe liep (I, p. 19-20).

Na getracteerd te zijn op bebroede eieren, dient hij zich tevreden te stellen „met kruymtjes, verdrooght en hardt Broodt" en proclameert deze nood tot „Meesteresse van alle dinghen, en Vindtster van de Konsten" (I, p. 48).

Pablo en zijn vriend Diego zijn, zoals dat heet „in de kost" bij meester Cabra, „de archipauper en het prototype van den

([36]) LZ, p. 24, vergelijk ook met de 'worst-episode': „(...) aangezien ik een geweldige eetlust had (...)" (p. 29), en met de 'koffer-episode' bij de geestelijke: „Maar omdat mijn honger erger werd (...)" (p. 43).

vrek" (p. 18). Zij lijden er zo'n honger dat de vader van Diego het niet langer kan aanzien: „Hij kwam ons van het studentenhuis halen en vroeg naar ons, terwijl we reeds vóór hem stonden" (p. 27). Marcos van zijn kant, die aanvankelijk nogal losjes omspringt met brood en wijn (p. 245), maakt nadien een al even hongerige studententijd door in Salamanca, wat hem mede op het pad der schelmen brengt (pp. 247-250). Als oudere *escudero* wordt hij nog vaak met de honger geconfronteerd, onder meer wanneer een edelman hem vraagt de opvoeding van zijn kinderen te willen behartigen. Marcos krijgt er zo weinig te eten, dat, zo vertelt hij, „mir am Ende vor lauter Diät das Brustbein und das Rückgrat aneinander wuchsen" (p. 220).

2. *Schijn-eer*

Een tweede belangrijk motief van de picareske roman is de schijneer[37]. Het type van de 'kale jonker' die koste wat het kost een schijn van eer tracht op te houden, is hier wel de bekendste belichaming van. Het derde hoofdstuk van LZ en de episode met de 'edelman' in MO behoeven geen verder commentaar. De schijn-eer motiveert ook actief het handelingsverloop. De ik-figuur zelf is er aanvankelijk het slachtoffer van, wanneer hij om zijn zelfgenoegzaamheid wordt beetgenomen: gewiekste schelmen weten Guzmán en Marcos zo te vleien dat beide in de eerste herberg waar zij hun toevlucht zoeken alles kwijt raken. Tot inzicht gekomen in de wereld van de schijn, gaat de picaro zelf de Spaanse hang naar *honra* uitbuiten. Pablo geeft zich uit voor „el señor don Ramiro de Guzmán" of voor „don Felipe Tristán", want zijn vrienden hadden hem geleerd „dat het geen geld kostte van naam te veranderen en dat integendeel zulks voordeel kon

([37]) Cf. o.m. M. Bataillon, „L'honneur et la matière picaresque", in *Annuaire du Collège de France*, 63 (1963), pp. 485-490.

aanbrengen" (p. 151). Hij had het met eigen ogen kunnen constateren in de kring der 'bedel-ridders' te Madrid[38].

Naast deze hoofdmotieven van honger en schijn-eer, kunnen we nog enkele nevenmotieven onderscheiden (vaak nuanceringen van een der hoofdmotieven), die eveneens een structurele en thematische waarde krijgen. We vermelden hier – zonder volledigheid te beogen – het geld, de liefde en de polariteit reis/rustpunt.

3. Geld

Zoals uit sommige van de aangehaalde voorbeelden blijkt is het motief van de schijn-eer in de picareske roman – dit in tegenstelling tot de hereoïsch-galante verhaalkunst met haar idealiserende opvatting over eer en plicht – niet steeds te scheiden van 'gewin.' Pablo, bijvoorbeeld, wordt als *señor* meteen geldbezitter en niet te versmaden huwelijkskandidaat. Net als de honger is het geld ook vaak de motivatie van het verdertrekken. Guzmán formuleert het ergens zeer gevat: „O, ghebreck van Gelt, hoe groot is uwe kracht" (II, p. 44). De types van bedelaar en gierigaard, waarin deze motieven gestalte krijgen, zijn dan ook legio in de schelmenroman.

4. Liefde

Ook de liefde geldt hier en daar als motivatie van het handelingsverloop. Er is vaak beweerd dat ze geen rol zou spelen in de picaceske verhaalkunst. En inderdaad, de schelmenroman is geen liefdesroman zoals de heroïsch-galante of pastorale verhaalkunst. De *picaro* wil er zich in de eerste plaats

([38]) De beschrijving van hun boven- en onderkleding is een waar staaltje van Quevedo's satirisch vermogen (cf. de hoofdstukken 1 en 2 van het tweede deel). Het zich-verkleden is eveneens een aspect van de 'theatrale' wereld van heel wat schelmenromans. De *picaro* sluit zich niet zelden aan bij een troep reizende komedianten, waar hij beroepshalve een rol leert spelen.

'doorheen slaan.' Toch zal de vrouw niet zelden tot een schelmstreek inspireren. In LZ is hiervan nog niet veel te merken, al is de eindsituatie (huwelijk met de meid van de aartspriester) in haar bewuste ambiguïteit vrij duidelijk. Guzmán van zijn kant wordt meer dan eens „door een Vrouwmensch uyt-gestreken" (II, p. 78), maar haalt zijn schade wel in. Als (on)waardige zoon van zijn moeder en „geduldighen Hoorndragher" begint hij zelf met zijn tweede vrouw te 'negotiëren' (II, p. 100). Overigens werd het motief van de vrouw en meer bepaald het mysogyne karakter van de *picaro* door heel wat onderzoekers in het licht gesteld[39].

5. *Reis en rustpunt*

Een laatste motief dat we nog even moeten vermelden, is de dynamiek beweging-rust[40] die in het uiterlijke reisverhaal dat de schelmenroman vaak is, het opvallendst belichaamd wordt door de weg en de herberg. Dit motief is soms zo uitgesproken dat men de *picaro*-figuur nu eens met een landloper heeft gelijkgesteld, dan weer vergeestelijkt tot *homo viator*, op weg naar zijn eindbestemming. Ook de gevangenis kan in die optiek worden geïnterpreteerd als één van de ongewilde rustpunten op die weg, waar de volgelingen van Lazarillo menige keer in hebben vertoefd. Hier geeft de pseudoautobiografie wel eens de indruk moraliserend te worden. Het 'open' einde van de picareske roman wijst op diezelfde polariteit: de betrekkelijke rust van de thuishaven (LZ, MO) versus de hoop op nieuw leven (GM, DP)[41].

(39) Zie bijv. G. Alvarez, *Le Thème de la femme dans la picaresque espagnole*, Groningen, Wolters, 1955.

(40) Ik verwijs in deze context ook naar de indeling van MO in 'rustpunten' (voor de lezer).

(41) Dit laatste motief is enigszins te vergelijken met het *insula*-motief dat in de latere, zogenaamde Robinsonaden – tot op zekere hoogte

Laten we even resumeren. De actantiële syntaxis van de picareske roman kan worden gezien als een reeks bedrogsverhoudingen tussen een vrij beperkt aantal acteurs die afwisselend de rol van bedrieger, bedrogene en tussenpersoon spelen. Deze bedrogsverhoudingen worden onderling vrij los gecombineerd door een aantal motivaties met structurele betekenis, die als motieven het centrale thema van het bedrog (schijnwerkelijkheid)[42] een eigen kleur geven aan elke roman. Rol en motivatie leiden samen tot stereotiepe *dramatis personae* die de picareske scène bevolken: de *picaro* en zijn antagonisten: de gierigaard, de kale jonker, de lichtekooi, enzovoort. Deze types nu, en hier zetten we een stap verder, krijgen in elk verhaal ten dele eigen contouren (externe attributen en interne karaktertrekken) door de (her)scheppingskracht van de diverse auteurs. Zo komt het dat Lazarillo geen Guzmán is en de Buscón geen *escudero*; zo zien we dat de kale jonker in LZ en de gierigaard Cabra in DP 'enig' worden in hun soort. Deze „persoonlijke transformatie"[43] zal in de West-Europese picareske literatuur van de zeventiende en achttiende eeuw zodanig aan belang winnen – de motivatie

erfgenamen van de schelmenroman – erg belangrijk zal worden. In de West-Europese schelmenroman van de achttiende eeuw krijgt overigens, zoals voldoende bekend is, het einde van het verhaal een meer afgesloten karakter (cf. ook noten 24, 25 en 26).

([42]) Cf. de toegevoegde opdracht „Op het Leven van Gusman (*sic*) d'Alfarache" in de door ons gebruikte uitgave:

Des Werelts Momme-spel van niet te zijn maer schynen,
Dat in 't gemeen by elck ter Wereldt wert gespeelt,
Na dat het wuft geval rondt-om de Rolle deelt,
Dat siet ghy in dees Blaen van binnen de Gordynen.

De theatermetafoor (masker, rollenspel) is hier werkelijk ter zake.

([43]) Dit is een van de transformaties die T. Todorov gebruikt in zijn analyse van *Les Liaisons dangereuses* en die, bij nader toezien, de hele onderneming van een strikt structurele (relationele en niet kwalitatieve) benadering op losse schroeven zet. Zie hiervoor S. Chatman, „On the Formalist-Structuralist Theory of Character", in *Journal of Literary Semantics*, (1972), pp. 57-79.

wordt complex en de acteurs worden personages – dat ze een strikt morfologisch onderzoek onmogelijk maakt. Toch blijft men ook deze romans terecht tot het picareske genre rekenen en kan men vandaag zelfs van een *renouveau* van de schelmenroman gewagen[44]. Terecht, omdat benevens een aantal gelijkaardige functies, *dramatis personae* en motivaties, een analoge vertelhouding duidelijk waarneembaar blijft. Aan dit laatste verhaalaspect, het picaresk vertellen, zouden we tot slot nog enkele woorden willen wijden.

Het picareske vertellen

Een 'verhaal' van handelingen (functies) en personages (acteurs) ontstaat pas doordat het 'verteld' wordt en het 'als verhaal' aan de lezer wordt gebracht[45]. Voor de analyse van een picaresk verhaal moet dus ook worden nagegaan welke de

([44]) De laatste jaren hebben heel wat onderzoekers hierop gewezen. Zie o.m. U. Broich, „Tradition und Rebellion: Zur Renaissance des pikaresken Romans in der englischen Literatur der Gegenwart", in *Poetica*, 10 (1967), pp. 214-229; R. Diederichs, *Strukturen des Schelmischen im modernen deutschen Roman,* Düsseldorf – Köln, E. Diederichs Verlag, 1971; J. Petit, „Permanence et renouveau du picaresque", in M. Mensuy (éd.), *Positions et oppositions. Sur le roman contemporain,* Paris, Klincksieck, 1971, pp. 45-61; R.W.B. Lewis, *The Picaresque Saint: Representative Figures in Contemporary Fiction,* New York – Philadelphia, J.B. Lippincott & Cie, 1959; B. Schleussner, *Der neopikareske Roman: Pikareske Elemente in der Struktur moderner Englischer Romane: 1950-1960,* Bonn, Bouvier, 1969; W. Schuman, „Wiederkehr der Schelme", in *PMLA,* 81 (1966), pp. 467-474; W. van der Will, *Pikaro heute: Metamorphosen des Schelms bei Thomas Mann, Döblin, Brecht, Grass,* Stuttgart, Kohlhammer, 1967; J. van Praag-Chantraine, „Actualité du roman picaresque", in *Synthèses,* 14 (1959), pp. 121-133.

([45]) Zie hiervoor mijn overzichtsartikel „Structureel romanonderzoek", in *Spiegel der letteren,* 15 (1973), pp. 130-139, vooral pp. 137-139 en supra pp. 57-58.

picareske verhaalcode is „à travers lequel narrateur et lecteur sont signifiés le long du récit lui-même."[46]

Het pseudo-mondeling vertelkader

Het is bekend dat de picareske roman naar de vorm een ik-verhaal is, geschreven vanuit een *a posteriori*-situatie[47]: op min of meer gevorderde leeftijd kijkt de ik-verteller met een vleugje weemoed terug op zijn vroeger schelmenleven en begint dit vrij uitvoerig te verhalen. Voor wie? In eerste instantie voor een niet steeds nader omschreven „public interlocuteur"[48]: een UEd. in LZ, „die vóór alles moet weten dat..."[49]; een uitgelezen kring van 'dames en heeren', aan wie Pablo, als een soort conferencier, zijn verhaal vertelt[50]; een doorluchtig heerschap, de kardinaal-aartsbisschop van Toledo, die Marcos wat ontspanning wil bieden in zijn drukke bezigheden[51]. In laatste instantie natuurlijk voor een anoniem milieu-publiek. Want de pseudo-mondelinge vertelsituatie wordt niet volgehouden. De Uedele's in LZ verdwijnen grotendeels na de schelmstreken bij de blinde, om slechts in het laatste hoofdstuk

(46) R. Barthes, *o.c.*, p. 19. Zie ook *Ibid.*, p. 21: „Le niveau narrationnel est donc occupé par les signes de la narrativité, l'ensemble des opérateurs qui réintègrent fonctions et actions dans la communication narrative, articulée sur son donateur et son destinataire."

(47) Vgl. de terminologie *vision par derrière* van J. Pouillon *(Temps et roman,* Paris, Gallimard, 1946). Zie ook E. Lämmert, *Bauformen des Erzählens,* Stuttgart, Metzlersche Verlagsbuchhandlung, 1955, pp. 67-72.

(48) Cf. R. Escarpit, *Sociologie de la littérature,* Paris, P.U.F., 1960, p. 98 e.v.

(49) Uit het laatste hoofdstuk kan men afleiden dat het een vriend van de aartsbisschop van de San Salvadorparochie te Toledo is. Zie verklaring 3, p. 102.

(50) Vgl. DP, aantekening 1, p. 297.

(51) Het werk is ook aan de kardinaal-aartsbisschop opgedragen door Magister Vicente Espinel (Vgl. met de opdracht van GM aan Don Francisco de Rojas door Mateo Alemán).

weer op te duiken[52]. Pablo blijft niet aan dames en heren vertellen, maar legt „zijn boek" voor aan „den vromen lezer" (p. 201). In MO is reeds vooraan een „voorwoord aan de lezer" ingeschoven tussen de opdracht aan de aartsbisschop en de aan hem gerichte levensbiecht[53]. Het schrijven aan een adressaat lijkt slechts een kader waarbinnen het verhaal van de schelmstreken van de ik-figuur wordt voorgesteld. Vandaar dat op het einde van de roman de vertelsituatie opnieuw zichtbaar wordt wanneer de *picaro* in het presens gaat spreken. Laten we Guzmán even aan het woord:

> Daer maeckte ick eynde van myne ongunsten; daer liet ick na voortaen qualijck te leven, ende daer beschreef ick alle myn avontueren. Ende hiermede, beminde Leser, bewaer U Godt van ongheval ende my van fortuyne.

Het wisselend gezichtspunt

Deze eindpassage illustreert meteen dat we in de picareske roman binnen een presenskader met een afstandelijk vertellend ik te maken hebben. De *picaro's* vertellen wat ze allemaal hebben meegemaakt vanuit het ambigue gezichtspunt van de latere alwetendheid en de directe beleving. In het relaas van de schelmstreken die het ik vroeger heeft uitgehaald of ondergaan, wordt de lezer voortdurend geconfronteerd met signalen die naar de vertelsituatie verwijzen. Deze wisselende relatie tussen vertellend en belevend ik maakt trouwens mede de charme uit van een picaresk verhaal, althans wanneer in

(52) Een uitzondering vormt een korte aanspreking in het derde hoofdstuk, p. 57.

(53) MO, pp. 160-163; zie ook de beginfase van het verhaal, waarin overgesprongen wordt van de „doorluchtige" bestemmeling naar de lezer (p. 165). Toch wordt, zoals trouwens in LZ, de indruk van het mondeling vertellen vrij goed bewaard (eng-picaresk verhaal aan de kluizenaar, cf. noot 15).

de vertelsituatie de licht ironiserende relativering het haalt op de moraal.

Uit het wisselend gezichtspunt blijkt reeds duidelijk dat we hier niet met een 'realistische' verhaalsoort te doen hebben in de enge zin van dat woord. Het belevend ik heeft uiteraard een partiële kijk op de zaak. Vanuit zijn kikkerperspectief vertekent de picaro (schijnbaar) spontaan de grote-mensen-wereld, terwijl het vertellend ik deze visie op een mild humoristische, ironische of zelfs cynische wijze uitbuit.

Het parodiërend vertellen

Deze vertekening van de werkelijkheid gaat vaak gepaard met een parodie op de dominante epische literatuur van die tijd, de heroïsch-galante roman. Het picaresk vertellen is in die zin een averechts vertellen, waarbij zowel de verhaal-functies binnenstebuiten worden gekeerd als de personages en de motivaties. De kosmos van de klassieke heldenroman en het klassieke toneel, waarin elk rekwisiet zijn vaste betekenis heeft en niets echt toevallig is, wordt hier verworpen ten voordele van een verhaalcode gebaseerd op schijn-tekens. Een mooie mantel bijvoorbeeld, het 'natuurlijk' signalement van een edelman (= klassieke schriftuur en lectuur) wordt letterlijk en figuurlijk omgedraaid tot signaal voor een kale jonker (= picareske schriftuur en lectuur). Zulk doorbreken van de eenzinnigheid der tekens uit het klassieke verteldiscours wijst op een discontinue wereld van de fortuin, van wisselvalligheden en verrassingen, waarin alles kan gebeuren omdat niets veroorzaakt wordt. Het picaresk vertellen is aldus direct op het centrale thema betrokken: de bedrogsrelatie tussen schijn en werkelijkheid. De tekstdieptestructuur van zo'n verhaal: 'een arme jongen komt terecht in een bedrieglijke wereld en wordt op zijn beurt een schelm... ', wordt via een schijnbetrouwbaar verteller naar de lezer gebracht. Vandaar de ironische ondertoon die door het hele verhaal heen te horen is voor wie scherp toeluistert. De lezer van een picareske roman dient zich daarop af te stemmen, wil hij niet, door een klassieke lectuur, tot voorbarige conclusies komen over de sociale dimensie van de schelmenroman als spiegel van de toenmalige Spaanse maatschappij. De relatie met die werkelijkheid situeert zich veeleer op de 'isotopie' van het verhaal: die van het *desengaño*. Het thema van de desillusie en het desillusionerend vertellen grijpen hier zodanig in elkaar dat de wereld van de Spaanse *picaro* een boventijdse dimensie krijgt.

Kortom, een picareske vertelhouding is even noodzakelijk voor het genre als typische functies en acteurs. Vandaar dat bij belangrijke wijzigingen in de vertelsituatie (bijvoorbeeld auctorieel hij-verhaal) geen sprake meer kan zijn van schelmenliteratuur in de enge zin van het woord[54]. Verteller, schelmstreken en acteurs bepalen samen de 'picareske vertelstructuur' van een verhaal.

Picareske vertelstructuren? We pretendeerden geenszins er een sluitende analyse van te geven. Onze poging enkele constanten te lichten uit het handelingsverloop, het spelerspotentieel en de vertelsituatie van de vier bekendste Spaanse schelmenromans bleef duidelijk beperkt. We laten dan ook, met alle respect voor Propp, het vraagteken best staan.

([54]) Voor het onderscheid tussen picareske literatuur in de enge en ruime zin van het woord, zie C. Guillén, „Toward a Definition of the Picaresque", in *Actes du IIIe Congrès de l'Association Internationale de Littérature Comparée (Utrecht, 1961)*, 's-Gravenhage, Mouton, 1962, pp. 252-266.

III.

TEKSTUALITEIT EN INTERTEKSTUALITEIT

OVER INTERTEKSTUALITEIT, VERTALINGEN EN TEKSTBEWERKINGEN[1]

Door de groeiende aandacht voor het fenomeen van de intertekstualiteit (Bakhtin, Kristeva) is in het vertaalonderzoek ook de belangstelling voor allerlei verwante vormen van tekstbewerking of transfer-operaties toegenomen. Zoals Kristeva (1969: 146) het uitdrukte: „tout texte se construit comme mosaïque de citations, tout texte est absorption et transformation d'un autre texte." De tekst is een open en ambivalent gegeven waarbij lectuur en schriftuur elkaar impliceren en de waarde van een tekst is als het ware gelegen in de constructieve en/of destructieve lectuur van andere teksten.

Met die grotere aandacht voor intertekstualiteit is het object van de literatuurstudie verschoven van de individuele tekst 'an sich' naar 'wat met teksten gebeurt.' In de woorden van Götz Wienold: „Verarbeitung eines Textes deckt damit alle Vorgänge von seiner Rezeption über die Konservierung, Weitergabe an andere, Paraphrase für andere bis zur Umformung in 'neue' Texte (...)" (1972: 146). Wienold classificeert onder dergelijke vormen van *Textverarbeitung* expliciet ook de vertaling. Dit is eveneens het geval in *Palimpsestes. La littérature au second degré*. In dit boek brengt Gérard Genette de meeste tekstbewerkingen (*pratiques de dérivation*, 1982: 443) onder bij het begrip *hypertextualité* en hij omschrijft de term *hypertexte* als „tout texte dérivé d'un texte antérieur par

(1) Herziene en uitgebreide versie van H. van Gorp, „La traduction littéraire parmi les autres métatextes", in J.S. Holmes, J. Lambert & R. van den Broeck (eds.), *Literature and Translation: New Perspectives in Literary Studies*, Leuven, Acco, 1978, pp. 101-116.

transformation simple (...) ou par transformation indirecte ..." (1982: 14). In de slotbeschouwingen van zijn studie refereert hij in dit verband aan de retoriek: „la relation génétique se ramène constamment à une pratique d'autotransformation, par amplification, par réduction ou par substitution." (1982: 447). Een korte terugblik op de antieke retoriek en stilistiek kan de zaak verduidelijken. Het is overigens heilzaam om de 'vertaling' als tekstbewerking niet op zichzelf te beschouwen, maar een plaats te geven binnen zo een ruimer, open tekstbegrip.

Zoals men weet onderscheidde men in de Oudheid een aantal tekstoperaties die zich op diverse niveaus van de tekst (fonisch, grafisch, syntactisch, lexico-semantisch...) zowel binnen dezelfde taal (intralinguaal) als tussen verschillende talen (interlinguaal) kunnen voordoen. Lausberg (1960: 251 e.v.) vermeldt de *adiectio* (toevoeging), de *detractio* (weglating), de *immutatio* (vervanging) en de *transmutatio* (herschikking). In aansluiting bij Kristeva (1974: 345) kan men er nog een vijfde aan toevoegen, te weten de *herhaling*, als identieke transformatie. Immers, hoe paradoxaal ook, telkens een tekst(element) herhaald wordt, ontstaat een niet-identieke relatie tot het herhaalde.

Verbinden wij nu deze tekstoperaties met de twee grondcategorieën waarop beeldspraak berust, metafoor en metonymie (in de terminologie van Genette: *hypertextualité* en *métatextualité*; 1982: 10-11), dan beschikken we over een kader om de diverse tekstoperaties te positioneren en tegen elkaar af te wegen. Sommige bewerkingen baseren zich namelijk hoofdzakelijk of uitsluitend op het principe van equivalentie (gelijkaardigheid, substitutie,...); andere berusten veeleer op een principe van contiguïteit, dit wil zeggen op een vorm van aangrenzing of contact, al is de grens niet altijd scherp te trekken. Het is nu onze bedoeling om 1. de meest voorkomende teksttypes als resultaat van zulke tekstoperaties bijeen te brengen; 2. de vertaling als tekstoperatie in dat raam een plaats te geven en de diverse soorten van vertalingen tegen de achtergrond van de genoemde tekstoperaties te duiden. Meteen zal uit zo een aanpak blijken dat de tekstbewerkingen in kwestie geen marginale fenomenen zijn, maar tot het centrum van de talige en literaire activiteit moeten worden gerekend.

Typologie van tekstbewerkingen

Laten wij beginnen met de zogenaamde 'identieke' tekstbewerkingen, gekenmerkt door *herhaling*. Hier kan men eigenlijk slechts spreken van overname of 'reproductie' van teksten of tekstelementen, fenomenen die direct het probleem oproepen van diverse vormen van 'ontlening'. Bij om het even welke tekstbewerking wordt men hiermee, chronologisch gezien, het eerst geconfronteerd: men neemt iets (denken wij aan de *inventio* van de antieke retoriek) en doet er al dan niet iets mee. In het laatste geval hebben we, met betrekking tot volledige teksten, strikt genomen te maken met een *kopie* of *plagiaat*. In ruimere zin horen hier echter ook *herdrukken* of *heruitgaven* bij, al neigt de herhaling er vaak naar gelijkwaardigheid (similariteit) en is de 'identieke tekstbewerking' niet zozeer aan een auteur dan wel aan intermediaire instanties zoals opdrachtgevers en uitgevers te danken/te wijten. Similariteit is ook het geval bij bepaalde vormen van imitatie, maar meestal is de tekstbewerking hier eveneens gekenmerkt door niet-identieke transformaties.

De herhalings-transformatie is echter vooral belangrijk waar het diverse tekstfragmenten, tekstelementen of constituerende aspecten betreft. Popovič spreekt hier van *reproductive continuation*, gebaseerd op het principe van de directe rede (1976: 28). De herhaling via *compilatie* van verschillende tekstfragmenten in een globale tekst is een eeuwenoud literair verschijnsel en heeft zich vooral in de late Oudheid en de Middeleeuwen gemanifesteerd in het 'tekstgenre' van de *anthologie* of bloemlezing. Ook de *cento* (lappendeken) is op dit principe gebouwd, al betreft het hier meestal kleinere tekstonderdelen. Teksten kunnen anderzijds bepaalde elementen ontlenen aan andere teksten om ze, in een nieuwe context, een andere betekenis te geven. Dit is vaak het geval bij *citaten*, *collages* en *pastiches* (zie ook bij de substitutietransformatie), terwijl de *allusie* zich situeert tussen herhaling en verwijzing. De overname kan ook partieel zijn, zodat de herhaling werkt als een identieke achtergrond tegen een andere voorgrond. Zo werden in de Middeleeuwen en de Renaissance vaak *contrafacten* (van het Latijnse *contrafactura*) gemaakt, dit wil zeggen dat nieuwe teksten geschreven werden op een bestaande melodie (bijvoorbeeld geestelijke teksten op wereldlijke liederen, enzovoort). Men kan dit fenomeen vergelijken met het huidige 'coveren' van liedteksten (*cover version*). De bedoeling van zulke en andere 'overnames' kan zowel van constructieve (bijvoorbeeld respect) als denigrerende aard zijn (bijvoorbeeld ridiculisering, polemiek).

Ook met betrekking tot de niet-identieke transformaties kan men allerlei tekstfenomenen proberen te duiden. De *adiectio* of toevoegingsoperatie manifesteert zich bijvoorbeeld duidelijk in de zogenaamde *parafrase*, oorspronkelijk de verduidelijkende uitbreiding van een tekst in dezelfde taal. Ze komt ook veelvuldig voor in tal van *periteksten* in de onmiddellijke omgeving van een tekst (Genette 1987), zoals voorwoorden, opdrachten, voetnoten, interpolaties, annotaties, glossen, marginalia of scholia in de rand van de tekst, illustraties, epilogen, appendices, en bij uitbreiding ook in *epiteksten*, waarbij de tekst becommentarieerd wordt buiten het boek of de tekst zelf, zoals in interviews of dagboeknotities van de auteur, en in andere vormen van commentaar zoals recensies en reclame met betrekking tot een bepaalde tekst (zie ook hierna bij de metonymische vormen van metatekstualiteit).

De *detractio* of bekortingsoperatie (volgens Popovič gebaseerd op het principe van de indirecte rede) vindt men formeel terug in fenomenen zoals *titels* en uitvoerige ondertitels, *extraits*, *bekorte versies* (*compact books*), *editiones purificatae*, *digests* en *samenvattingen* voor allerhande doeleinden of onder allerlei condities (bijvoorbeeld opname in magazines of reeksen met duidelijke vereisten betreffende stijl en lengte; denken we maar aan commerciële restricties tot een beperkt aantal bladzijden zoals gebruikelijk in *chapbooks* en andere populaire uitgaven voor een zeer ruim publiek). Uitsparing leidt eveneens tot fenomenen als *parerga* en *paralipomena*, dit wil zeggen teksten die 'uiteindelijk' niet zijn opgenomen voor publicatie. Inhoudelijk hebben we hier vaak te maken met *gezuiverde uitgaven* of vereenvoudigende adaptaties voor een bepaalde doelgroep.

De *permutatio* of herschikkingsoperatie betreft uiteraard slechts elementen van een tekst en is vooral bij intratekstuele studie interessant (relatie tussen *fabula* en *suzjet*). Ze vormt anderzijds de basis voor de *montage* en heeft vooral door het groeiend aantal dramatiseringen (*Bühnenbearbeitungen*) en verfilmingen aan belang gewonnen. Vaak worden hier namelijk scènes herschikt met het oog op spanning (retroversies en anticipaties, *in medias res*) of op grond van specifieke mediavereisten, lezersverwachtingen of genreconventies.

Tenslotte is er de *immutatio* of substitutietransformatie. In de antieke retoriek wordt ze beschouwd als het product van toevoeging en weglating: „eine Vereinigung der detractio und der adiectio" (Lausberg 1960: 253). Lausberg voegt er significant aan toe: „die Immutatio ist so die am tiefsten in die Qualität des Ganzen eingreifende Änderung." Deze typisch 'metaforische' operatie (op basis van equivalentie) resulteert in tal van tekstfenomenen, zoals de *rewriting* van een tekst met andere woorden/zinnen – *rewording* of intralinguale vertaling in de terminologie van Jakobson (Brower 1959: 233) – of gewoon een andere *versie* (in het Duits *Fassung*) door de auteur zelf. Verder ressorteren hieronder de vele vormen van *adaptatie*, dat wil zeggen het omzetten van een tekst in een ander genre (dramatisering, dialogisering, verfilming), voor een ander publiek (bewerking voor de jeugd, schooluitgaven *ad usum delphini*) of in een andere stijlsoort (parodie, travestie en pastiche...). De *parodie* was namelijk oorspronkelijk een 'tegen-zang' (van het Griekse *para-oidè*), een nieuwe, gesproken voordrachtswijze van het epos tegenover de vroegere zangerig-recitatieve; pas later werd dit verruimd tot een ironische of polemisch-kritische nabootsing van literaire voorbeelden of stromingen met de bedoeling ze enigszins belachelijk te maken. De *travestie* was minder kritisch van opzet en had meestal geen of weinig artistieke pretenties. Met de term *pastiche*, oorspronkelijk een mengelmoes van fragmenten uit andere werken (vergelijk met het Italiaanse *pasticcio*), verwijst men vooral naar literaire tekstbewerkingen waarin de stijl (en thema's) van een bepaald auteur of periode op virtuoze manier (*à la manière de*) worden nagebootst. Ten slotte behoren ook de diverse vormen van *vertaling* tot de groep tekstbewerkingen die gebaseerd zijn op een substitutietransformatie.

Vertaling en adaptatie als substitutietransformaties

De vertaling is een substitutie-operatie waarbij de tekstbewerking zich voordoet op het vlak van de uitdrukking, dat wil zeggen tussen twee taalsystemen (Genette spreekt van *transposition linguistique*; 1982: 238), maar daardoor ook vaak op het vlak van de inhoud. *Adiectio* en *detractio* proberen hierbij elkaar te compenseren als winst en verlies, terwijl ook de herhalingstransformatie een belangrijke rol kan spelen. De vertaling is als dusdanig de metatekst bij uitstek, dat wil zeggen een tekst die in een andere taal tegen-spreekt.

Het *substitutie*-aspect van de vertaling als tekstoperatie, los van toevoeging of bekorting, komt het duidelijkst tot uiting in de 'letterlijke' vertaling, waarbij 'interpretatie' als het ware wordt teruggedrongen. Semiotisch gesproken hebben we hier te maken met een gelijkheidsrelatie tussen twee tekens of teksten (*token-token*), met andere woorden een *one-to-one-correspondence*. We vermelden hier ook de *transcriptie* (de weergave van letters of tekens uit een vreemde taal in de eigen taal of van klanken in schrifttekens). Verder is er de *transliteratie*, dat wil zeggen het letter voor letter (*littera*) weergeven van tekens uit het ene schrift in het andere. In het verlengde van deze een-op-een-relatie ligt ook de *metafrase*. Oorspronkelijk de woordgetrouwe overzetting van verslyriek in proza (tegenover de *parafrase* als vrije proza-omschrijving van verslyriek), verwijst de term reeds van in de Oudheid (Philo Judaeus, Quintillianus) op het woord voor woord en zin voor zin overzetten van een tekst in een andere taal (Dryden 1680: 268).

Bovengenoemde vormen van interlinguale tekstoperatie lijken het 'ideaal' van een vertaling te benaderen: een gelijke tekst ('dezelfde tekst') in een andere taal. De tekst wordt als het ware naar de letter getranscribeerd.

De substitutie neigt hier naar herhaling, zoals die tot uiting komt in tekstelementen die uit het origineel gewoon worden overgenomen: *ontlening*, *calque* (Vinay & Darbelnet 1972: 47; Popovič 1976: 18). Soms betreft de herhaling grotere delen van of zelfs de hele vertaling (plagiaatvertaling en *compilative translation*, dat wil zeggen „a translation realized upon the basis of several translations" (Popovič 1976: 20)). Zo blijkt dat heel wat zogenaamd 'nieuwe' vertalingen nogal wat hebben 'overgenomen' (vertaalfiliatie). Vaak betreft het een combinatie van een slechts licht gewijzigde overname van bestaande vertalingen met een eigen, oorspronkelijke vertaling van een aantal passages of onderdelen. Deze gang van zaken is duidelijk herkenbaar in vele bijbelvertalingen. Een *second hand* of *secondary translation* is niet op de brontekst zelf gebaseerd, maar op een reeds bestaande vertaling.

Ten slotte moet nog een verwante vorm van vertaling worden besproken die eigenlijk geen vertaling is, maar die op een vertaling lijkt, zich als vertaling voordoet: de *pseudovertaling* of *fictitious translation* (Toury 1995; vergelijk met de pastiche als vorm van literaire mystificatie). Hier wordt als het ware een vertaling gemimeerd om uiteenlopende redenen: onzekerheid of behoedzaamheid van de auteur (bijvoorbeeld Horace Walpole's eerste editie van *The Castle of Otranto*, 1764, voorgesteld als de vertaling van een middeleeuws Italiaans manuscript); commercieel belang (bijvoorbeeld de talloze 'vertalingen' van goedlopende, vooral populaire modegenres zoals de Franse ridderroman in de late Middeleeuwen, de *gothic novel* rond 1800 en SF heden ten dage); het inspelen op verwachtingen van het publiek (denk aan Macphersons zogenaamde *Ossian*-vertalingen „from the Gaelic or Erse language", 1760), enzovoort. Het substitutieprincipe wordt hier radicaal en tegelijkertijd contradictorisch toegepast: de betekenis van de tekst ontstaat bij de gratie van een onbestaande brontekst. In deze zin is de pseudo-vertaling meteen een extreme vorm van imitatie. Terzelfder tijd trekt zij het sinds de romantiek vigerende 'absolute' onderscheid tussen origineel en vertaling (met duidelijke juridische implicaties op relatief recente fenomenen als copyright en plagiaat) op pregnante wijze in twijfel. Met betrekking tot de voor-romantische, vooral middeleeuwse literatuur, waar de esthetiek van de identiteit de tekstproductie grotelijks bepaalde, mag dit niet over het hoofd worden gezien als een *fait divers*.

Het 'ideaal' van een brontekstgerichte gelijkheid is uiteraard op interlinguaal niveau onbereikbaar, gezien het verschil (hoe miniem ook soms bij 'bevriende' talen) van de betrokken taalsystemen en van het bereik van hun lexicale elementen. Het incalculeren van dit verschil impliceert meteen ook dat een essentieel onderscheid tussen 'vertaling en 'adaptatie' eigenlijk niet te maken is. Overigens blijkt uit de geschiedenis van de vertaalreflectie dat men niet altijd en niet overal dezelfde 'substituties' als vertaling dan wel als adaptatie heeft beschouwd; getuige daarvan de discussies rond letterlijke, 'getrouwe' en 'vrije' vertalingen, tussen vertalingen van het 'adequate' en van het 'acceptabele' type, of nog het debat uit de periode van de later zogenaamde *belles infidèles* in Frankrijk en elders in Europa in de zeventiende en achttiende eeuw, die door gangmakers als d'Ablancourt als 'ideale' vertalingen werden beschouwd.

Hoe ook, los van obligate verschillen die aan het taalsysteem en het lexicon te wijten zijn, kan men de equivalentie strikter of ruimer interpreteren. In het eerste geval spreekt men gewoonlijk van formele equivalentie, dit wil zeggen dat de belangrijkste formele elementen van de brontekst zo adequaat mogelijk worden gerespecteerd. Extreem geldt hier de *metafrase* of *lexical translation* (woord-voor-woord of zin-voor-zin-vertaling). Een bijzondere vorm hiervan is de *interlineaire vertaling* die in de tijd van het humanisme vaak gebruikt werd voor het onderwijs van het Latijn, zoals de vertaling van J.A. Commenius' *Orbis Sensualium Pictus* (1659) door Charles Hoole, „Teacher of a Private Grammar-School (...) for the use of young Latine-Scholars." In het voorbericht wordt ze als volgt beschreven: „the whole Book being so translated, that every where one word answereth to the word over against it, and the Book is in all things the same, only in two idiomes, as a man clad in a double garment." Een iets ruimere interpretatie van equivalentie vindt men terug in de *parafrase*. Zoals Dryden (1680: 268) het uitdrukte: „Translation with latitude, when the author is kept in view by the translator, so as never to be lost, but his words are not so strictly followed as his sense."

Aan de andere pool van de equivalentierelatie spreekt men veeleer van dynamische equivalentie, met variaties van functionele, intentionele (bijvoorbeeld de skopostheorie van Hans Vermeer) en pragmatische aard. Semiotisch gesproken is de relatie hier van de orde teken/teksttype (*token-type*): de gelijkaardigheid tussen de twee teksten is gebaseerd op een nabootsing van algemene kwaliteiten van het origineel (zoals in de spanning tussen het algemene en het eenmalige bij Levy 1969: 90-91). De 'dynamiek' kan zich overigens zo sterk profileren dat van equivalentie in strikte zin geen sprake meer is.

Wanneer het begrip substitutie, gebaseerd op toevoeging en weglating, ruim wordt opgevat, spreekt men vaak van *over-interpretation* of *traduction sur-interprétée* (Cermac 1970: 34). Popovič omschrijft ze als „tendentious interference by the translator; usually, topical and expressive elements are introduced into the translation that do not exist in the original" (1976: 14), en stelt ze enigszins gelijk met de *free translation* of, in de terminologie van Toury (1980), met een vertaling van het 'acceptabele' type. Meer algemeen hebben wij hier te maken met het begrip *adaptatie*. Onder deze laatste term ressorteren diverse tekstvormen die, afhankelijk van de heersende opvattingen over teksten en tekstbewerkingen, niet beschouwd worden als 'echte' vertalingen, maar die toch op de een of andere manier een primaire tekst representeren onder een vergelijkbare vorm en volume. De aanpassing kan zich voordoen zowel op het niveau van de vorm als van de inhoud. Vormelijke adaptatie vindt men bijvoorbeeld in de 'vertaling' van verslyriek of versepiek in proza of in de aanpassing van narratieve teksten aan toneelvereisten (dialogisering als onderdeel van dramatisering, en dergelijke) en aan een ander (lees)publiek. De term adaptatie wordt trouwens vooral bij drama-vertalingen, TV-bewerkingen en versies voor de jeugd gebruikt, wellicht omdat de directe impact van het publiek van cruciaal belang is voor het succes van een opvoering, respectievelijk een verhaal. Genette spreekt hier van hypertekstualiteit met een praktische functie en onderscheidt ze van tekstbewerkingen met veeleer een esthetische functie (1982: 448), al zijn ons inziens beide types van functionaliteit vaak samen aanwezig. In het geval van een bewerking voor de jeugd spelen bovendien commerciële factoren vaak een belangrijke rol in de graad van adaptatie, die meestal gekarakteriseerd wordt door samenvatting (en dus weglating), simplifiëring en moralisering. Technisch gezien is de adaptatie overigens een tekstbewerking die zich als het ware opdringt wanneer de culturele context van een brontekst onbekend is bij of vreemd is voor het doelpubliek en het origineel dus noodgedwongen in de 'vertaling' moet worden aangepast wil ze begrepen worden.

Inhoudelijke verschuivingen zijn dan ook legio en betreffen het gekende dilemma: ofwel de vreemde tekst als vreemde tekst vertalen (Schleiermacher 1973 (1813): 51 e.v.) of hem aan het doelpubliek aanpassen. In het eerste geval spreekt men vaak van *exotisering,* met de neiging het 'vreemde' karakter van de brontekst zo mogelijk nog te versterken (*historisering, archaïsering,* en dergelijke). Exotisering legt de nadruk op de ongewone thematische en linguistische expressieve elementen van het origineel. Zoals Popovič het uitdrukt: „This means a choice of elements that are typical of the culture of the original while being atypical of the style (topic and language) of the translation" (1976: 6). Het gevaar is hier niet denkbeeldig dat aldus de vertaling onbegrepen blijft of dat het 'vertaalkarakter' ervan zodanig naar voren komt dat de 'negatieve' indruk wordt gewekt: 'het is maar een vertaling.' Aan de andere kant – en dat komt veel vaker voor – wordt in vertalingen het vreemde min of meer tot iets bekends gemaakt en aan het nieuwe (lezers)publiek en de eigen smaak aangepast, bijvoorbeeld via een vertrouwde setting, personages en/of motieven. Perrot d'Ablancourt spreekt in zijn voorbericht op zijn 'vertaling' van Thukydides zelfs van een soort zielsverhuizing, waarbij men de te vertalen auteurs laat spreken zoals ze zouden gesproken hebben als ze 'nu' hadden geleefd: „Car ce n'est pas tant icy le portrait de Thucydide, que Thucydide luy mesme, qui est passé dans un autre corps comme par une espèce de Metempsycose, et de Grec est devenu François (...)" (201-202). Vaak voorkomende aanpassingen zijn de thematische *actualisering* en *lokalisering* aan de tijds- en plaatsomstandigheden of de *modernisering* qua taal en stijl (zowel intra- als interlinguaal), afhankelijk van de 'vreemdheid' van de taalstadia in kwestie (Chaucers taal is 'vreemder' voor de huidige Engelse lezer dan die van Dante voor een Italiaan). Bij verregaande acculturatie via actualisering en lokalizering kan de indruk worden gewekt van een nieuwe, primaire tekst, louter geïnspireerd op een of meerdere bronteksten („naar", „bewerkt naar", geïnspireerd op", enzovoort). Het spreekt overigens voor zich dat de optie voor (een bepaalde vorm van) adaptatie dan wel 'adequate' vertaling niet louter een kwestie van de persoonlijke voorkeur of smaak van de vertaler/bewerker is, noch van de moeilijkheden/mogelijkheden van de betrokken taalsystemen, maar dat zij deels ook kan worden opgedrongen door het teksttype zelf, het doelpubliek of intermediaire instanties zoals de uitgever of opdrachtgever.

De evaluatie van diverse vormen van adaptatie is, zoals gezegd, in de loop van de geschiedenis niet steeds gelijk gebleven, maar algemeen kan men toch stellen dat in de Oudheid (Cicero, Horatius) de getrouwe vertaling of metafrase (*verbum e verbo*) niet werd aangeprezen, maar veeleer het *sensum de sensu* (parafrase). Dit werd nadien door een aantal vertalers en vertaalcritici vrij ruim geïnterpreteerd en heeft mede geleid tot de beruchte *belles infidèles* (creatieve imitaties) van de zeventiende en achttiende eeuw. Sinds de romantische hermeneutiek haar intrede deed aan het begin van de negentiende eeuw (met Schleiermacher als woordvoerder) en het 'ideaalbeeld' van de vertaling als adequatie aan de oorspronkelijke tekst begon te propageren, werd het begrip adaptatie allengs, tenzij bij genretransposities, negatiever geconnoteerd. Pas recentelijk is men in de context van de postmoderne 'citatenkunst' zulke tekstoperaties opnieuw positiever gaan waarderen.

Vormen van metonymische tekstbewerking

Tot zover de substitutietransformaties, gebaseerd op het principe van equivalentie. Maar ook tekstbewerkingen die deels of geheel stoelen op het principe van contiguïteit komen veelvuldig voor. Grensgevallen vindt men bij teksten die zich situeren tussen een zekere equivalentie en toevoegings- of weglatingsoperaties. Wanneer bijvoorbeeld de *adiectio* domineert (zoals in het reeds vermelde geval van *overinterpretation)* kan zulks leiden tot *expliciterende* vertalingen (*expanded/glossed versions*), *parafraserende* (proza)vertalingen (zowel vers naar proza als binnen hetzelfde discourstype; zie Drydens commentaar bij het *sensum de sensu* als „admitted to be amplified, but not altered") en *geannoteerde* vertalingen, waarbij vertaling en commentaar nogal eens door elkaar lopen, enzovoort

Bij een dominerende *detractio*-operatie heeft men nu eens te maken met diverse vormen van neutralisering of verlies op het vlak van de expressiviteit (*levelling*, *nivelization* of *substandard translation* in de terminologie van Popovič, dat wil zeggen „removal of unique expressive features of the original in the translation"; 1976: 22), dan weer met kwantitatieve reducties (*bekorte* en/of *gecensureerde versies* voor een bepaald publiek). Het laatstgenoemde fenomeen is, naar aanleiding van een gezuiverde Shakespeare-vertaling/bewerking (1818) door T. Bowdler bekend geraakt als *bowdlerization*, of het schrappen van aanstootgevende passages (zie de Spaanse termen *castigado* en *a lo divino* waarmee men de als het ware met wijwater besprenkelde versies en vertalingen van potentieel gevaarlijke teksten aanduidde). Uiteraard betreffen deze vormen van uitbreidende of reducerende vertalingen/bewerkingen niet steeds de hele brontekst, maar kunnen zij beperkt blijven tot bepaalde onderdelen of niveaus (*rank bound translations*). Een vergelijkende analyse kan hier macrotekstuele en microtekstuele equivalenties op hun adequaatheid respectievelijk verschuiving beoordelen.

Het principe van *contiguïteit* geeft voorts aanleiding tot andere 'teksten' die meer op zichzelf staan en dus geen 'vergelijking' meer met een brontekst verdragen. Het betreft hier zogenaamde metateksten in de strikte betekenis van het woord (Genette 1982: 450), dat wil zeggen teksten die duidelijk refereren aan andere teksten, zonder er, als secundaire teksten (zoals in de vorige gevallen), enige zelfstandigheid tegenover te claimen en die in principe niet onder narratieve of dramatische fictie ressorteren. In het geval van de *samenvatting* (*summary*) is zulks nog onduidelijk en hebben we te maken met een hybride vorm van metaforische en metonymische tekstoperatie. Een samenvatting verwijst uiteraard naar de samengevatte brontekst, maar ze functioneert in een aantal gevallen ook op zich. Denken we maar aan de zogenaamde *compact books* en de vele uitgaven van samenvattingen van verhalen en toneelstukken uit lectuurlijsten ten behoeve van studenten. Overigens fungeren samenvattingen in het alledaagse literaire leven voortdurend als surrogaat voor de teksten zelf: ze maken het mogelijk dat men erover kan meespreken. Een interesant verschijnsel uit de geschiedenis van de vertaalpraktijk, met duidelijk commerciële overwegingen, zijn de *extraits*: vertalingen van een aantal belangrijk geachte passages van een tekst, ingeleid en uitgeleid door de vertaler of uitgever, zodat de lezer een beeld krijgt van het origineel. Wanneer in die begeleidende teksten de lezer aangemaand wordt de oorspronkelijke tekst of de hele vertaling te lezen, gaan het aspect van aangrenzing en contact en het aspect van verlokking domineren boven het imitatieve. We komen dan terecht bij de vele soorten parateksten en metateksten die handelen over andere teksten, zowel primaire als secundaire; zo bijvoorbeeld 'interpretaties' van primaire werken onder de vorm van voorwoorden, glossen of commentaar bij een vertaling. Ze worden soms heel ruim uitgemeten en kunnen overigens aanleiding geven tot zelfstandige essays (*supplementen* op teksten). Wie zich maar even de moeite getroost om de geschiedenis van de vertaalreflectie te onderzoeken, stelt vast dat van bij het begin (Cicero, Hieronymus), en later vooral met betrekking tot bijbelvertalingen (Erasmus, Luther) dit soort metateksten een erg belangrijke rol hebben gespeeld in de ontwikkeling van onze opvattingen over vertalen, net zoals onze literaire opvattingen vaak het duidelijkst gereflecteerd worden in dergelijke interpreterende metateksten. Wel moeten wij ervoor waarschuwen deze metateksten niet zo maar naar de letter te geloven. Er schuilen vaak polemieken, impliciete morele intenties of commerciële bekommernissen achter.

Uit het voorgaande mag blijken dat de vertaling in haar diverse vormen een exemplarische en vaak centrale rol speelt in het brede domein van intertekstuele bewerkingen. Dit heeft zij te danken aan haar wezenlijke ambivalentie van gelijkenis en verschil, winst en verlies. Deze cruciale rol komt overigens nog duidelijker tot zijn recht wanneer de begrippen 'vertaling' en 'intertekstualiteit' worden uitgebreid naar andere semiotische systemen (*recoding* of *intersemiotic translation*) zoals bij de 'vertaling' van een roman in een film. Maar dat valt buiten het bestek van deze bijdrage.

INTERPRETATIE, 'TEKSTUALITEIT' EN RECEPTIEONDERZOEK[1]

Het is algemeen bekend dat met de opkomst van het receptieonderzoek in de zeventiger jaren de tekstinterpretatie of de verklarende betekenisanalyse van een literair werk als eenheid van vorm en inhoud, problematisch is geworden. Titels als *Against Interpretation* (Susan Sontag) en *Beyond Interpretation* (Jonathan Culler) zijn in dit opzicht revelerend. Het is echter vooral van de kant van de empirisch georiënteerde literatuurwetenschap (onder meer Norbert Groeben en Siegfried Schmidt) dat de interpretatie onder druk is komen te staan, omdat ze haar wetenschappelijke pretenties niet zou kunnen waarmaken omwille van de *Subjekt-Objekt Konfundierung*. Ik zou tegen de achtergrond van deze problematiek enkele bedenkingen over 'interpreteren' willen formuleren vanuit descriptief-historisch onderzoek van populaire verhaalgenres. Deze bedenkingen betreffen zowel de interpretatie van teksten als van tekstgehelen (oeuvres en genres), metateksten en contexten. Daarmee is meteen de indeling van deze bijdrage aangegeven.

Interpretatie en tekstualiteit

Traditioneel werd de (literaire) tekst beschouwd als een volkomen distinctieve entiteit, een autonoom verbaal object,

(1) Licht herwerkte versie van H. van Gorp, „Interpretation und Rezeptionsforschung", in H. de Berg & M. Prangel [Hrsg.], *Interpretation 2000: Positionen und Kontroversen. Festschrift Horst Steinmetz*, Heidelberg, Universitätsverlag C. Winter, 1999, pp. 63-70.

een coherente opeenvolging van zinnen, een afgewerkt *ergon*. Deze en andere omschrijvingen onderstrepen, elk op hun manier, een vastliggende, duidelijk omlijnde talige gegevenheid die zich aan de lezer als te interpreteren aandient. Met het poststructuralisme en de deconstructie is deze monadische tekstopvatting grondig gedecentreerd in de richting van een om zich heen grijpende intertekstualiteit. Dit heeft alles te maken met een verschuiving in onze visie op betekenis. In 'tekstgerichte' literatuuropvattingen zoals het formalisme, het structuralisme en de *Werkinterpretation* wordt betekenis gerelateerd aan duidelijk aanwijsbare talige elementen op fonisch, grafisch, syntactisch, lexicaal en modaal niveau die 'gesemantiseerd' worden via zich profilerende onderlinge relaties (gelijkenis, contrast, nuancering...). Een nauwgezette analyse ervan zou leiden tot een op objectieve parameters gebaseerde en dus voor iedereen te controleren interpretatie. Receptie-onderzoek en deconstructie hebben deze op het eerste gezicht plausibele stelling ondergraven door enerzijds de eigengeaarde functionaliteit van diverse tekstsoorten te beklemtonen, wat het gebruik van eenduidige parameters discrediteert, en door er van de andere kant op te wijzen dat teksten die pretenderen als een coherent betekenisgeheel adequaat naar de werkelijkheid te verwijzen, niet ontsnappen aan het onbepaalde spel van verglijdende betekenissen. De betekenis van een tekst laat zich niet vastpinnen; integendeel, in elke tekst lijkt een element van *aporia* schuil te gaan, dat ons in verlegenheid brengt en elke totaliserende interpretatiepoging doet falen. Daarmee wordt geenszins het belang van interpretatie zelf ondergraven, maar wel een aantal pretenties ervan. Het feit dat competente lezers/critici sterk van elkaar afwijkende lezingen/interpretaties geven van dezelfde teksten en die met overtuigende argumentaties onderbouwen, doet op zichzelf niets af aan het belang van het interpreteren. Ik zou haast zeggen, integendeel. Maar het besef van de impact die receptieve en institutionele aspecten hierop hebben, moet ertoe leiden dat de ontologiserende greep van het hermeneutisch begrijpen in zijn verlangen naar wat af(gerond) is, telkens weer een halt wordt toegeroepen.

Interpretatie en intertekstualiteit

Wij hebben er hierboven reeds op gewezen dat het tekstbegrip de laatste decennia verschoven is in de richting van intertekstualiteit. In het intertekstualiteitsdenken (Mikhaïl Bakhtin, Julia Kristeva) krijgt de aparte tekst het statuut van inter-tekst, tekst tussen teksten. Voor de interpretatie doet zulks een aantal problemen rijzen. Interpretatie is dan immers geen kwestie meer van passieve decodering, maar veeleer een actief en gecompliceerd proces waarbij een criticus in de bestudeerde tekst rekening houdt met andere teksten. Welke 'andere' teksten moeten bij het interpreteren worden betrokken? Is er wel een grens te trekken in het voortdurend doorverwijzen? Deze problematiek manifesteert zich op bijzonder duidelijke wijze in het onderzoek van tekstgehelen zoals genres.

Vanuit onze vertrouwdheid met literatuurgeschiedenissen zijn we eraan gewend geraakt de opdeling van de literatuur in genres als evident te beschouwen. Men sla er om het even welk handboek op na en de zogenaamde drie hoofdgenres (epiek, lyriek, drama) dringen zich, binnen afgemeten periodes, op als de belangrijkste indelingscriteria. Het praktische nut van dergelijke indeling valt niet te betwijfelen en alternatieven liggen niet zomaar voor de hand, maar wat de intertekstuele literaire 'feiten' betreft, zijn de zaken niet zo eenvoudig. Tekstfiliaties doen zich uiteraard vaak binnen een genre voor, maar zodra men strakke genregrenzen, meestal nog binnen één taalgebied, als indelingscriteria hanteert vallen een aantal 'feitelijke' intertekstuele relaties buiten het gezichtsveld. *Textverarbeitungsprozeße* (Götz Wienold) hebben in al hun verscheidenheid namelijk gemeen dat om het even welke isolationistische tekstbenadering, dus ook een strikt nationale of genologische, wordt geproblematiseerd. Wie bijvoorbeeld een ontwikkelingsschets van de *gothic novel* (romantische griezelroman) wil schrijven, stoot algauw op vormen van intertekstualiteit die door hun specifieke eigenheid of hybriditeit de taalgrenzen en het genre overschrijden en voor specifieke interpretatieproblemen zorgen. Ik denk hier aan vertalingen, bewerkingen, pseudo-vertalingen, parodieën, dramatiseringen, bekorte versies of *extraits*, enzovoort. In de traditionele auteurs- of tekstgerichte nationale literatuurgeschiedenissen of genre-evoluties worden dergelijke teksten schromelijk verwaarloosd, hoewel ze vaak een duidelijker beeld geven van normen en waarden die op een bepaald moment het literair systeem bepalen dan de 'primaire' teksten zelf. Het succes van een genre en van bepaalde auteurs, in het geval van de *gothic novel* Radcliffe en Lewis, is ruimschoots aan zulke 'secundaire teksten' zowel binnen als buiten het strikte genre te danken. Wat de *novela picaresca* (schelmenroman) betreft, zou ik erop willen wijzen dat er geen strikt vormelijke 'familieverwantschap' bestaat tussen het prototype van het genre, *La vida de Lazarillo de Tormes*' (1554) en de meest succesvolle vertegenwoordigers ervan, *La vida de Guzmán de Alfarache* (1599-1604) van Mateo Alemán en *La vida del Buscón* (1626) van Quevedo. Nochtans werden ze alle drie als tot hetzelfde genre behorende pseudo-autobiografieën (*la vida de...*) intertekstueel geïnterpreteerd, bewerkt, becommentarieerd, vertaald en op elkaar betrokken in vrijwel alle literatuurgeschiedenissen. En de verdere evolutie van deze 'ervaren' tekstfiliatie toont aan dat andere genres zoals de Robinsonade of de criminele biografie sindsdien niet meer los van de *novela picaresca* te interpreteren zijn. Het belang van een intertekstueel-generische interpretatie blijkt overigens ook uit het feit dat voor de receptie en het succes van het genre in het Nederlandse taalgebied een komische 'dramatisering' zoals Bredero's *Spaanschen Brabander* (1617) invloedrijker is geweest dan 'typisch picareske' verhalen. Met betrekking tot de *gothic novel* denke men in dit verband aan de 'bekendheid' van Ann Radcliffe in Frankrijk, Duitsland en Nederland onder de vorm van talloze vertalingen, bewerkingen, dramatiseringen, apocriefe toeschrijvingen en imitaties die als 'Radcliffades' een belangrijk deel van de romanlectuur en het toneelrepertoire rond 1800-1810 uitmaakten. Daarnaast zijn ook de talloze parodieën op het genre, en meer speciaal op Radcliffe en Lewis, een indicatie van de populariteit van het genre. Ook hier rijzen echter interpretatieproblemen. Een parodie is een bij uitstek hybride tekst, een *double-voiced utterance* (Morson 1989: 65), die zijn betekenis haalt uit de veronderstelde bekendheid met het 'origineel.' Nu is het opvallend dat de meeste parodieën van het *gothic novel* genre (zo o.m. *La Nuit Anglaise* (1799) van Bellin de Laliborlière en *Northanger Abbey* (1818) van Jane Austen) die hybriditeit ook manifesteren in een opmerkelijk samengaan van fascinatie voor en afwijzing van het geparodieerde model. Kortom, bij het bestuderen van een genregeschiedenis spelen zulke 'secundaire' teksten vaak een belangrijker rol dan de esthetisch-hermeneutische interpretatie van representatieve 'primaire' teksten. Binnen een traditionele geschiedenisopvatting heeft men het in zulke gevallen vaak over bijproducten die het interpreteren nauwelijks waard zijn. Maar tegen de achtergrond van een ruimer tekstbegrip verliest het 'tweedehandskarakter' van deze teksten elke minderwaardigheidsconnotatie; immers elke tekst is in zekere zin secundair ten opzichte van een aantal voorgaande teksten. Dit is een fenomeen dat trouwens niet tot populaire genres beperkt blijft. Het is goed dat men daar bij de interpretatie van tekstgehelen (genres, subgenres, stromingen) rekening mee houdt.

Interpretatie en metatekstualiteit

Dezelfde redenering kan men overigens aanhouden voor metateksten in de zeer brede zin van het woord, dit wil zeggen korte of langere randteksten die aan andere teksten refereren of erover handelen, zoals voorredes, opdrachten, motto's, epilogen, recensies, polemieken of diverse vormen van wat men heden ten dage 'merchandising' noemt (een meer verfijnde opdeling van dit corpus zou een onderscheid maken tussen metateksten in de enge zin van het woord en een aantal peri- of epiteksten, maar de conclusies van deze verfijning zouden niet echt anders zijn). Motto's werden in de traditionele tekstinterpretatie meestal *au sérieux* genomen, omdat zij nog tot 'de tekst' werden gerekend en men er direct of indirect een verwijzing naar de thematiek van het werk in zag/vond. Maar voorredes en opdrachten en epilogen vielen vaak uit de boot als 'bijwerk.' In feite kan het dat dikwijls ook geweest zijn, maar het is alleszins voorbarig om ze voor interpretatie en bij de tekstinterpretatie te weren. Ze maken als het ware het peritekstuele referentiekader uit waarbinnen de 'eigenlijke' tekst betekenis wordt toegekend. In dit verband is bijvoorbeeld het 'bijwerk' van het vertelkader in de *novela picaresca* bijzonder belangrijk. In de meeste Spaanse schelmenromans wordt het ik-verhaal voorafgegaan/geïntroduceerd door een of meerdere randteksten zoals voorwoord en opdracht, die als een echte topos het gebeuren (de vertelde geschiedenis) in de context van een bekentenis plaatsen die aan de verwachtingen van de toenmalige lezer tegemoetgekomt en voor de interpretatie van het geheel sturend werkte. Dat is duidelijk het geval in *Lazarillo de Tormes*, waar in de proloog op het rituele bekentenisdiscours wordt gealludeerd. De subversieve schriftuur/lectuur van de avonturen van de protagonist/anti-held bekomt pas tegen die achtergrond een vollere betekenis. Wanneer men Lazarillo's 'wederwaardigheden en tegenslagen' zonder die proloog begint te lezen – wat nogal eens het geval is bij latere versies en vertalingen – dan mist men een belangrijk aspect van het verhaal.

Iets gelijkaardigs is ook het geval met de interpretatie van vele *gothic novels*. Het voorwoord, of beter de voorwoorden van Walpoles *The Castle of Otranto* (1765) – in de literatuurstudie eveneens een 'prototype' genoemd – hebben met betrekking tot de latere geschiedenis en interpretatie van het genre terecht de volle aandacht van de critici getrokken: „It was an attempt", zo schrijft de auteur, „to blend the two kinds of romance, the ancient and the modern. In the former all was imagination and improbability: in the latter, nature is allways intended to be (...) copied." De lezer wordt daarmee het gewenste interpretatiekader aangeboden. Uit de verdere genregeschiedenis wordt overigens duidelijk dat ook andere auteurs (zoals Clara Reeve, Ann Radcliffe en Mary Shelley) in gelijkaardige metateksten aan het begin van hun griezelromans de manier van lezen sturen. Ze bevatten als het ware de kern van de genreproblematiek waarmee tal van romanschrijvers in de overgang van Verlichting naar Romantiek werden geconfronteerd.

De problemen die hier rijzen zijn niet zo eenvoudig als op het eerste gezicht schijnt. Dat voorwoorden niet altijd letterlijk moeten worden genomen, is duidelijk. Meer nog dan bij 'primaire teksten' moet men hier tussen de regels kunnen lezen. Een polemische (soms ook commerciële) ondertoon is immers vaak hoorbaar, wat alleen tegen een intertekstuele en contextuele achtergrond kan worden begrepen. Recensies zorgen dan weer voor andere interpretatieproblemen. De impact ervan op de productie en consumptie van 'primaire' teksten is moeilijk in te schatten. Wie las die recensies? Wiens opvattingen geven kritische besprekingen in toonaangevende tijdschriften weer? Gaat het niet eerder om een kleine groep geprivilegieerde lezers-critici dan om wat 'men' in die tijd over de betrokken werken dacht? Om dit laatste te achterhalen is, weerom, een meer intertekstuele, vaak zelfs een institutionele en socio-economische benadering vereist. Het de laatste jaren sterk in zwang gekomen tijdschriftenonderzoek is terzelfder tijd veelbelovend als problematisch. Tijdschriften worden terecht als een van de belangrijkste parameters van het literaire leven beschouwd – zij schrijven de tijd – maar ook hier zijn verabsolutering en veralgemening uit den boze en is voorzichtigheid geboden, want er staat niet altijd wat er staat. De 'feiten' die men er leest zijn immers zelf 'interpretaties' die op hun beurt moeten worden geïnterpreteerd. Het is dan ook erg moeilijk, zoniet onmogelijk ze los van intertekstuele en contextuele relaties juist in te schatten. Een institutionele en socio-economische benadering dringt zich vaak op.

Interpretatie en (socio-economische) contextualiteit

Met de vermelding van 'merchandising' en van een institutionele en socio-economische benadering zijn we bij een vierde interpretatieprobleem aanbeland, waaraan in de traditionele hermeneutiek nauwelijks aandacht werd besteed. Het functionalistisch receptie-onderzoek heeft er de nadruk op gelegd dat de positie van waaruit teksten geschreven en gelezen worden en de socio-economische situatie waarin productie, mediatie en receptie van teksten plaatsvinden heel belangrijk kan zijn bij het verklaren van 'tekstinterne' kwesties.

Laten we dit gegeven weer met enkele voorbeelden uit de populaire verhaalkunst illustreren. Wij vermeldden hierboven reeds met betrekking tot de *novela picaresca*, dat er geen doorslaggevende structurele, stilistische of inhoudelijke gelijkenissen te vinden zijn bij *Lazarillo de Tormes* en *Guzmán de Alfarache*. Dat beide verhalen – het eerste nauwelijks meer dan een pretentieloze novelle, het tweede een volumineuze kanjer van een moraliserende misdaadroman – toch door de toenmalige lezers in elkaars verlengde werden gelezen, is grotendeels, indien niet volledig, toe te schrijven aan het feit dat zij aan het begin van de zeventiende eeuw samen, dit wil zeggen in dezelfde band, werden uitgegeven. Uit dit ene, zij het markante voorbeeld blijkt al voldoende dat 'institutionele' factoren een beslissende rol kunnen spelen in het ontstaan, de evolutie en de interpretatie van een literair genre.

Een voorbeeld uit de *gothic novel* traditie kan dit fenomeen onderstrepen. Wanneer in recensies van romans en toneelstukken telkens weer uitgehaald wordt naar de erbarmelijke vertalingen die de markt overspoelden, dan is dat niet alleen toe te schrijven aan een 'romantische' opvatting over de prioriteit van originele literatuur, maar ook, en vooral, aan de condities die het vertaalwerk bepaalden. Het gebruik van de bijzonder negatief geconnoteerde term *Übersetzungsfabriken* komt trouwens aan het eind van de achttiende eeuw, met de opgang van vooral populaire romangenres en toneelstukken (melodrama's), in zwang. Ze zouden inspelen op de groeiende vraag van groepen nieuwe lezers (vooral lezeressen) en een nieuw toeschouwerspubliek. De *circulating libraries* proberen, eerst in Engeland (met vooral de Minerva Press van uitgever Lane, die ongeveer 50% van de *gothic novel*-productie en lectuurvoorziening voor zich wist te winnen), daarna ook op het vasteland, dat 'gat in de markt' te vullen. Vertalingen en bewerkingen waren overigens veel goedkoper – geen royalties – en vlugger besteld en afgewerkt dan nieuwe creaties. En boekhandelaars en critici speelden, tot eigen profijt, het spelletje mee.

Een derde voorbeeld van de impact van institutionele factoren op de interpretatie haal ik uit de reisliteratuur. Tijdens de grote ontdekkingen (vijftiende-zestiende eeuw) worden een aantal reisverhalen geschreven waarin de nauwgezetheid van de weergegeven 'feiten' opvalt. De auteurs vermelden voortdurend kwantitatieve gegevens: hoeveelheden, afstanden, precieze data, enzovoort, die het reisverslag een 'objectief' karakter geven. Deze teksteigenschap kon als een vorm van realisme geïnterpreteerd worden, maar het waren bij nader toezien vooral institutionele factoren die hier een rol speelden. De auteurs hielden namelijk bij het vertellen rekening met de onderliggende desiderata van hun cliënten (opdrachtgevers als de Spaanse koning, het Hof of de compagnie in wier dienst ze reisden, kooplui die zij viseerden, enzovoort). Dit verklaart grotendeels de 'verdinglijking' en exotiserende weergave van het nieuwe en het 'andere.' Het reisverhaal fungeerde als het ware als de eerste stap (de mentale inbezitname) naar de eigenlijke verovering (de reële of commerciële inbezitname van het territorium). Men heeft eigenlijk het terrein reeds 'op papier' in kaart gebracht en er een romantiserend verhaal rond geweven. Met Mikhaïl Bakhtin kunnen wij hier spreken van een soort 'monologisatie' (zie in deze bundel het opstel over „polyfonie in de roman"): de verschillende stemmen van de inlandse bevolking worden onder de noemer van de exotisering gebracht, net zoals die inlanders samen met zeldzame diersoorten en planten als *decorum* de lege plekken op de geografische kaarten opvulden.

Deze en dergelijke verschijnselen binnen het literaire veld beperken zich niet tot 'populaire' genres, maar kenmerken ook – zij het vaak nauwelijks zichtbaar – de 'canonieke' literatuur. Wie dit alles vanuit een 'zuiver' begrip van de literaire tekst als een hinderlijke context van zich weg schuift, loopt het gevaar in een esthetisch vacuüm terecht te komen.

Ons besluit kan kort zijn. Tekstinterpretatie is en blijft een belangrijke en noodzakelijke component van het literairwetenschappelijk bedrijf, ondanks de wetenschappelijke bezwaren die 'empirici' ertegen aanvoeren. Het is alleen via nauwgezette analyse en interpretatie van teksten dat het steeds wijkende 'betekenisresidu', waar het in de literatuur toch om gaat, benaderd kan worden. Voorwaarde is echter dat de 'hermeneutici' een ruimer en opener tekstbegrip hanteren, zodat intertekstuele, metatekstuele en contextuele aspecten bij het analyseren en interpreteren een volwaardige plaats krijgen.

IV.

DE NOVELA PICARESCA EN DE GOTHIC NOVEL

VERTALING EN EVOLUTIE VAN EEN LITERAIR GENRE

De Europese picareske roman in de 17de en de 18de eeuw[1]

Object en methode

In een recente studie gewijd aan de picareske literatuur beweert Harry Sieber dat

> (...) the translations of Spanish picaresque novels are the key to an understanding of the European history of the genre. Translators were 'readers' who not only injected their own tastes and attitudes in their translations, but also assessed and attempted to include the sensibilities of a wider 'invisible' reading public. (Sieber 1977: 59)

Ik wens deze stelling te preciseren aan de hand van enkele belangrijke vertalingen uit de zeventiende eeuw en de eerste decennia van de achttiende eeuw die voor de latere vertalingen richtinggevend bleken en tot het ontstaan van een picareske literatuur in de onderscheiden literaire systemen hebben bijgedragen. Onze aandacht gaat gedeeltelijk uit naar de aard van de genetische relatie tussen het origineel en de vertaling zoals die vaak in het voorwoord omschreven wordt. De vertaler bepaalt er zijn positie ten opzichte van het origineel of van andere vertalingen. Wat ons vooral interesseert, is de plaats

(1) Oorspronkelijke referentie: H. van Gorp, „Vertaling en evolutie van een literair genre: de Europese picareske roman in de zeventiende en de achttiende eeuw", in *Restant*, 7:4 (1978-1979), pp. 86-97; in het Frans vertaald als: „Traductions et évolution d'un genre littéraire: Le roman picaresque en Europe aux 17e et 18e siècles", in *Poetics Today*, 2 (1981), pp. 209-219.

van de vertalingen binnen de betrokken nationale literaturen en het typologisch verband tussen de vertaling en het origineel. We geven hier dus geen beschrijving van een aantal vertaalde picareske romans, maar een typologische vergelijking van de Spaanse *novela picaresca* met verscheidene richtinggevende vertalingen uit de zeventiende en de achttiende eeuw.

De aanzet tot een dergelijke vergelijking is een soort 'radiografie' van de *novela picaresca* zoals we die in een vroegere studie over het picareske verhaal voorgesteld hebben (Van Gorp 1978). We legden daarin de nadruk op de typische structuur van de picareske roman als een verhaal met open einde en op de culturele en ideologische spanningen tussen de *picaro* en de wereld. Op basis van de terminologie van de school van Tel Aviv kunnen we dit essay bondig samenvatten als een studie over de „matricial norms" (zie Toury 1978: 87) van de vertalingen met betrekking tot literaire en sociaalculturele factoren. De besluiten die men uit een dergelijk onderzoek kan trekken blijven erg beperkt. Ze geven echter wel een trouw beeld van een algemeen verbreid type vertaling, omdat ze voor verschillende essentiële „textemen" geldig zijn. Op die manier – langs een bepaald genre in een bepaalde periode om – hopen we een van de aspecten te illustreren van wat André Lefevere bestempeld heeft als „the tremendously influential part translation has played in the transplantation of genres (...) from one literature to another" (Lefevere 1975: 121).

Ons onderzoek berust in de eerste plaats op de vertalingen zelf, verder op commentaren van vertalers en critici uit de betrokken periode, en ten slotte op een geheel van studies waarvan de voornaamste in de bibliografie vermeld zijn.

De *novela picaresca* als literair genre

De Spaanse *novela picaresca* wordt doorgaans met de volgende kenmerken omschreven (Miller 1967; Guillén 1962; Van Gorp 1978):

- De intrige: een sterk episodisch verhaal afhankelijk van de spelingen van het lot: „anything can happen to anyone at any time" (Miller 1967: 37). De motieven die de intrige voortstuwen zijn over het algemeen van materiële aard, alhoewel ze ook verband houden met het Spaanse begrip *honra* en verwijzen naar het thema van het *desengaño* (ontgoocheling).
- De verhouding *picaro* – wereld: de protagonist-verteller is een eenzame figuur aan de zelfkant van de maatschappij (hij is van arme afkomst en wordt door zijn milieu slecht behandeld). De 'wereld' waarmee hij geconfronteerd wordt bestaat uit een reeks stereotiepe meesters en representanten van de maatschappij. Door wederzijds bedrog en list geven de *picaro* en zijn tegenstanders gestalte aan het centrale thema van *desengaño* en dragen ze bij tot het maatschappijkritische aspect van de *novela picaresca*.

Deze kenmerken vinden we terug in de vele romans die, na het buitengewone succes van *La vida de Guzmán de Alfarache* van Mateo Alemán, tussen 1600 en 1645 in Spanje verschenen. Alemáns *Guzmán* had bovendien opnieuw de aandacht getrokken op het vijftig jaar oudere *La vida de Lazarillo de Tormes* dat algemeen beschouwd wordt als het prototype van het picareske genre. In wat volgt, zoom ik in op vertalingen van de twee bovengenoemde teksten en van Quevedo's *La vida del Buscón llamado don Pablos* (1626), een ander typisch voorbeeld van het genre.

Enkele belangrijke 'vertalingen' in West-Europa

De richting van de vertalingen

De inventaris van de vertalingen van de bovenvermelde *novelas picarescas* telt een groot aantal Franse versies. De meeste Engelse, Duitse en Nederlandse vertalingen gaan terug op deze Franse versies en dat omwille van politieke en culturele factoren. In de zestiende en in het begin van de zeventiende eeuw genoot Spanje een groot prestige. Ik verwijs naar de wereldpolitiek van de Habsburgers, invloedrijke auteurs zoals Montemayor (de pastorale roman), Montalvo (auteur van de ridderroman *Amadis de Gaula)* en Cervantes. Het buurland Frankrijk had een levendige belangstelling voor het tijdsgebeuren. Vanaf het midden van de zeventiende eeuw wordt het politieke en culturele gewicht van Frankrijk binnen Europees verband groter. Dat de oorspronkelijke richting van de vertalingen hierdoor omgebogen werd, laat ik voorlopig buiten beschouwing. Voor de andere West-Europese landen begint Frankrijk als een soort 'brug' te fungeren, terwijl de directe contacten tussen Spanje enerzijds en Duitsland en Engeland anderzijds eerder schaars zijn. Ook voor de Nederlanden, die toen toch wel nauwe contacten met Spanje onderhielden, was de Franse invloed tegen het einde van de zeventiende eeuw overwegend. De gastvrijheid waarmee buitenlandse ideeën werden geïmporteerd, speelt hierbij natuurlijk een belangrijke rol.

De brugfunctie van Frankrijk valt echter niet onmiddellijk af te lezen van de titels van de vertaalde werken: ze presenteren zich immers als vertalingen uit het Spaans. Een duidelijk voorbeeld van dit procédé van twijfelachtige verwijzingen is het volgende: de roman *Don Diego de Noche* van Salas Barbadillo, auteur van verscheidene picareske verhalen, wordt in een Franse vertaling van 1636 toegeschreven aan Quevedo. Men wou daarmee vooral de verkoop stimuleren. Treffend is nu dat onder dezelfde naam ook de Nederlandse, Engelse en Duitse versies verschenen. De centrale rol van Frankrijk staat hoe dan ook buiten kijf. Bij de beoordeling van de evolutie en verschuivingen van de onderzochte vertalingen moet men dit steeds voor ogen houden.

De evolutie van de vertalingen

In grote trekken kunnen we drie fasen in de methode van vertalen onderscheiden (M. Lambert 1965); ze houden verband met de hierboven aangegegeven evolutie van het nationale prestige. De eerste vertalingen zijn nog duidelijk filologisch (lexicale vertalingen). Ze zijn haastig geschreven op aansporing van enkele vrienden en vooral bedoeld om de lezer in de vorm van een ontspannend verhaal te informeren over zeden en gewoonten van de Spanjaarden. De van commentaar voorziene titels zijn in dit verband veelzeggend: *L'Histoire plaisante et facétieuse du Lazare de Tormes Espagnol. En laquelle on peult recognoistre bonne partie des moeurs, vie et conditions des Espagnols* (1561); in de Nederlandse vertaling („Nu eerst nieuwelijckcx int licht brocht ende overgheset in onse taele"): *Die gheneuchlijke ende cluchtige historie van Lazarus van Tormes uit Spaingen; in de welcke ghij eensdeels meucht sien ende leeren kennen de manieren, condiciën, zeden ende schalkheyt der Spaingnaerden* (1579).

Rond 1620 ontstaat er een grotere vrijheid in de methoden van vertalen, omdat de Franse culturele eigenheid meer en meer in conflict geraakt met de Spaanse. Van dan af werken de vertalers volgens eigentijdse normen en baseren ze zich op bekende schrijvers uit eigen land. De grotere vrijheid manifesteert zich aanvankelijk op linguïstisch en stilistisch vlak, maar snel wordt ook het verloop van het verhaal aan de geldende normen aangepast. De aanvangssituatie ondergaat kleine wijzigingen (zie verder) en de motieven die de intrige van de roman schragen, worden aangepast: materiële nood en maatschappijkritiek wijken voor amoureuze avonturen. Opvallend zijn verder de wijzigingen aangebracht aan het slot van een groot aantal romans. In navolging van de andere romanliteratuur uit die periode opteren de vertalingen voor een *happy end*, zodat van het open en vaak bittere einde van de oorspronkelijke *novela picaresca* weinig of niets overblijft. Tegen het einde van de eeuw gedraagt men zich zo vrij bij het vertalen dat we eerder van bewerkingen dan van vertalingen kunnen spreken. Deze globale evolutie kan gereconstrueerd worden aan de hand van enkele richtinggevende vertalingen van de drie belangrijkste picareske romans.

Verschuivingen qua verhaalstructuur en het einde van de romans

– La vida de Lazarillo de Tormes (1554)

In de eerste fase *(Lazarillo* tussen 1560 en 1620) zijn de vertalingen eerder letterlijk, wat niet belet dat vooral de komische aspecten van het verhaal in de verf gezet worden. Tot de vroegste vertalingen behoren *L'Histoire plaisante et facétieuse du Lazare de Tormes Espagnol* (1561), *The pleasant history of Lazarillo de Tormes a Spaniarde* (1576) en *The most pleasant and delectable history of Lazarillo de Tormes, a Spanyard* (1596). In Duitsland handelen de vertalingen over *abentheuerliche Possen* (1617) en *wunderliche Possen* (1624) (Laurenti 1968: 34 e.v.).

De tweede fase begint met het nog wonderbaarlijker vervolg van *Lazarillo* door Juan de Luna (1620). In navolging van deze *Segunda Parte* verschuift in de vertalingen het accent meer en meer naar de amoureuze avonturen van de *picaro* zelf. Dit is het startpunt van een reeks van *belles infidèles* en bewerkingen die opent met een *imitation en vers* (1653), waarin de episoden over de liefdesperikelen van Lazarillo's moeder en de affaire van diens vrouw met een aartspriester veeleer aan de grove kant zijn, en die wordt afgesloten met de *traduction nouvelle* van l'Abbé de Charnés (1678) waarin Lazarillo aan het einde sterft. In 1697 werd deze vertaling zelfs aangekondigd als „Augmentée de plusieurs choses qui avoient été négligées dans les autres impressions."

– La vida del picaro Guzmán de Alfarache (1599-1603)

De vertalingen van *Guzmán de Alfarache* wijzen op een gelijkaardige, hoewel niet identieke evolutie. De vertaling (van het pas verschenen eerste deel) door Gabriel Chappuys (1600) is haastig geschreven en volgt de tekst woordelijk. Het eerste volume van Jean Chapelain (1619) kan eveneens beschouwd worden als een vrij letterlijke vertaling, hoewel de vertaler al duidelijk andere oogmerken had. Hij speelde oorspronkelijk met de idee om stukken uit de tekst te knippen: „Si j'en osais tailler à ma fantaisie, cette clause et beaucoup d'autres qui t'auront ennuyé sauteraient," zo verontschuldigt hij zich bij de lezer. In het tweede deel (1620) hakt hij dan de knoop door: „J'ai été reduit à changer, omettre et suppléer quantité de choses." De tendens ontwikkelde zich verder en bereikt haar hoogtepunt met de *belle infidèle* van Gabriel Brémond (1695), die het verhaal naar eigen zeggen wat bijschaafde (hij spreekt van „un coup de rabot"). In het voorwoord schrijft Brémond: „Ce n'est pas une petite affaire, que d'un habit à l'Espagnole, en faire un à la Française, et surtout d'un habit vieux." Jaren later, in 1732, baseert Lesage zich nog steeds op deze vertaling en ook hij laat zijn vertaling voorafgaan door een vrij uitgebreid voorwoord: „Aleman a (…) trop chargé de moralités son *Guzman d'Alfarache*." Lesage heeft het verhaal dan ook ontdaan van de moraliserende teneur (*air dogmatique*) die de Fransen toch niet zou aanspreken. Volgens hem hebben zijn vrienden hem verzekerd dat het publiek opgezet zal zijn met „une traduction de *Guzman d'Alfarache*, purgée de moralités superflues" (zie de titel van de Franse vertaling). Om dezelfde reden voelt hij zich gedwongen een aantal passages die volgens hem de aandacht van de lezer afleiden, in te korten of zelfs te schrappen. Op dit punt volgt hij de versie van Brémond die hij overigens ten dele appreciëert:

> J'avoue qu'elles [les choses ajoutées par Brémond, HvG] sont ingénieusement imaginées, et qu'il a répandu partout un goût galant. Je dirai même encore à sa gloire, que sa traduction en général, est fort égayée et remplie d'expressions...heureuses.

Lesage wenst trouwens in niets voor hem onder te doen en hij ruilt de morele spanning van het verhaal in voor meer avontuur.

Chapelain, Brémond en Lesage beperkten zich niet tot het introduceren van een meer elegante manier van schrijven. Ze wijzigen ook de structuur van de roman: ze schrappen al te prekerige passages en zelfs hele hoofdstukken, en ze hechten veel belang aan de puur romaneske dimensie van het verhaal. Zoals in de *Lazarillo* (zie hierboven) is de verschuiving bijzonder duidelijk merkbaar in het slotfragment. Chapelain vertaalt nog vrij woordelijk „Je mis fin à toutes mes disgrâces (...)," maar in tegenstelling tot het origineel („la que despuès gasté tode el restante della (vida) verás en la tercera y última parte") laat hij de precieze aard van de tegenslagen die de protagonist nog zullen treffen volledig in het midden. Lesage besluit zijn vertaling op de volgende manier: „Telles sont, Lecteur, mon cher ami, les aventures qui me sont arrivées jusqu'à présent." De term *disgrâces* wordt vervangen door *aventures*. De eraan voorafgaande zin beklemtoont nog eens duidelijk het galante karakter van de vertaling door het gebruik van uitdrukkingen zoals „généreux sentiment" en „au service du Roi" die de lof zingen van Guzmán. De boef is een *gentilhomme* geworden.

– La vida del Buscón llamado Don Pablos (1626)

Voor de vertalingen van Quevedo liggen de zaken gedeeltelijk anders, maar toch niet minder duidelijk. Een Franse vertaling – die van De Geneste (1633) – verwierf namelijk een monopolie in Frankrijk en daarbuiten. De eerste fase ontbreekt:

de roman van Quevedo verscheen pas in 1626, dit wil zeggen op een moment waarop de *belles infidèles* reeds volop ingang vinden. De Franse vertaler zwijgt in alle talen over zijn manier van werken. De uitgever Pierre Billaine, een bekende naam in het milieu van het picareske genre, laat de lezer echter weten dat Quevedo's werk „a esté faconnée á la Françoise d'une main qui l'a merveilleusement bien embellie." De tussenkomsten van de vertaler beperken zich niet tot louter stilistische verfraaiingen; ook de verhaalstructuur wordt aangepast. Naar Franse smaak is de protagonist een „Aventurier Buscon" die uiteindelijk het geluk vindt. De originele Pablo moest naar Indië (Amerika) vluchten waar hij van de regen in de drop verzeilde: „Y fuéme peor, como vuesa merced verá en la segunda parte, pues nunca mejore su estado quien muda solamenta de lugar, y no de vida y costumbres." De Franse Buscon, daarentegen, weet Roselle, „une jeune bourgeoise,... douée d'une parfaite beauté" en „fille unique d'une maison extrêmement riche", voor zich te winnen.

In de „nouvelle traduction" van Raclot (1699), die teruggaat op de vertaling van 1633, zijn de laatste woorden van de ik-verteller totaal anders van toon dan bij Quevedo: „Voilà, cher Lecteur, le succès et l'heureuse issue de mes aventures de même que l'état present de mes contentemens." Van de soms bittere spelingen van het lot blijft maar weinig over:

> (...) mais comme il n'y a personne qui se puisse vanter d'être heureux avant sa mort, je ne sçay si parmi tant d'excès de bonne fortune, il ne m'arrivera pas quelque desastre, qui me donne le Mercredy des Cendres après le Mardy Gras, et que ma fin ne soit pareille au commencement.

Maar op dat eigenste ogenblik voelt de Franse Buscon zich de gelukkigste man ter wereld. Vandaar zijn smeekbede: „Veuille le Ciel me le [le bonheur, HvG] conserver longtems dans la compagnie de mon aimable Roselle."

Het geromantiseerde slot van de Franse *Buscon* vinden we terug in bijna alle vertalingen van Quevedo, zowel in Frankrijk (met name in de invloedrijke vertaling van Raclot, 1699) als in de Nederlanden (1642 en 1699), Duitsland (1671 en 1704) en Engeland (1657 en 1707). Dit lijkt ons vrij typisch voor de invloed van een specifieke esthetische code, namelijk die van het Franse classicisme van de zeventiende eeuw, op een buitenlands genre. Zoals vele anderen beklemtoont Sieur du Plaisir in zijn *Sentimens sur les Lettres* (1683) dat een verhaal altijd mooi afgerond moet zijn. Charles Sorel, zelf auteur van *L'Histoire comique de Francion* (1623), is dezelfde mening toegedaan. In zijn *Bibliothèque Françoise* (1664) dat hij op latere leeftijd schreef en waarin hij zich kritisch uitlaat over de literaire productie van zijn tijd, betreurt hij dat *Le Page disgracié* (1643) van Tristan l'Hermite (door vele critici als een picaresk verhaal beschouwd) twee deeltjes „sans conclusion" bevat en dat de *Romant Comique* (1651) van Scarron niet voltooid werd: „On doit avoir regret que l'Autheur n'a point fait la Conclusion (...)" (p. 178). Het hoeft dan ook niet te verbazen dat de Geneste zijn vertaling aan de classicistische smaak van het ogenblik aanpast.

De gewijzigde verhaalstructuur en vooral de slotpassages in de vertalingen hebben op hun beurt geleid tot een eigengeaarde picareske literatuur. In Nederland, bijvoorbeeld, loopt het verhaal van Frédéric, de protagonist van de *Haagsche Lichtmis* (1679), ook goed af. Zoals de Franse Buscon trouwt hij met de dochter van een lakenhandelaar en wordt hij een voorbeeldig burger. *Gil Blas* (1715-1735) van Lesage, het model bij uitstek van de latere Europese schelmenroman, is wel het hoogtepunt van een dergelijk verlangen naar een vast bestaan. Het *happy end*, begonnen met de Genestes vertaling van de *Buscón*, werd zo een typisch procédé van de achttiende-eeuwse picareske avonturenroman. Dit manifesteert zich uitdrukkelijk in de slotpassage van *De Vermakelyken Avanturier*

(1695) van Nicolaas Heinsius jr. Ook hier treedt de protagonist in het huwelijk met een rijk meisje – het gedroomde einde van een romanheld. Heinsius wist het beter dan wie ook: in navolging van de „romanisten" had het verhaal van Mirandor moeten eindigen met het huwelijk van Clarice. Maar de ik-verteller voegt daar nog enkele picareske elementen aan toe: de broer van Clarice, haar moeder en zijzelf sterven de een na de ander. Mirandor keert terug naar zijn geboorteland, maar niet voor lang, zoals blijkt uit de afscheidsgroet aan de lezer:

> (...) dewyl my het stil zitten, en mijn vaderland nu wederom begint te walgen, en ik ook niet gelooven kan, dat het onstandvastig geluk my alleenlyk voor zoo korten tyd myns levens tot een voorwerp van syn wonderbare verandering heeft willen verkiezen, twyfel ik niet, of het zelve zal my stof geven om u mogelyk met een vervolg van myn verderen levensloop... en t'eeniger tyd te konnen vermaken.

Dit 'open' einde is als het ware een laatste echo van de *novela picaresca*, waarmee Heinsius zeer vertrouwd was. Tegelijkertijd schreef hij met de *Vermakelyken Avanturier* een typisch hybride, picaresk-galante roman. In de eerste helft van de achttiende eeuw vond dit nieuwe verhaaltype langs de verspreidingskanalen van de populaire literatuur ingang in het Duitse, Nederlandse en Franse taalgebied.

Verschuivingen in de figuur van de picaro

Het meer avontuurlijke aspect van de intrige en de conventioneel-burgerlijke afloop wijzen op een veranderde visie op de persoon van de protagonist. De Spaanse *picaro* is een marginale figuur van lagere afkomst, wat een belangrijk structuurelement van de *novela picaresca* is. Bijna elke Spaanse picareske roman begint met een beschrijving van het armetierig milieu van de held. De parodiërende vertelstijl sluit hier aan bij de thematiek van de *honra:* zo wordt de erg bescheiden afkomst van de *picaro* op een averechtse manier, dit wil zeggen op de wijze van de heroïsch-galante roman, in de verf gezet. De eerste zin van de *Lazarillo* luidt als volgt*:*

> Pues sepa vuestra merced, ante todas cosas, que a mi llaman Lázaro de Tormes, hijo de Tomé Gonzales y de Antona Pérez, naturales de Tejares, aldea de Salamanca.

De genealogie van Pablos bij Quevedo is analoog van strekking. De vertaler kan uiteraard moeilijk van bij de eerste zin tussenbeide komen. Nochtans treden er snel kleine betekenisverschuivingen op. In de originele *Buscón* is Pablos – een naam die trouwens verwijst naar het negatief geconnoteerde *converso* – de zoon van Clemente Pablo en van „Aldonza de San Pedro, hija de Diego de San Juan y nieta de Andrés de San Christobal." Bemerk de parodie op de topos van de adellijke afstamming. De Geneste maakt echter van Pablos de zoon van Isidor en Roquille, en geeft hem een bevalliger uiterlijk dan in het origineel:

> (...) d'ailleurs j'estois assez complaisant à tous ceux qui m'envisageoient (...) la nature m'avait donné un visage et une taille que chacun trouvait passablement agréable.

In de „nouvelle traduction" van Raclot wordt „assez complaisant" zelfs „extrêmement complaisant."

Met woorden en nieuwe zinswendingen verandert de vertaler Pablos in een Buscón-gelukzoeker, net zoals op het niveau van de taal het accent verschuift van het Spaanse *Buscón* (handige dief) naar het Franse *busquer fortune* (het geluk zoeken). De nieuwe protagonist speelt een avonturiersrol vergelijkbaar met die van de held uit de gangbare galante roman. Het succes in West-Europa laat niet op zich wachten en bereikt een hoogtepunt met de figuur van Gil Blas de Santillane. Opmerkelijk is dat in de tweede helft van de achttiende eeuw José Francisco de Isla de avonturen van Gil Blas, „volées à l'Espagne et adoptées en France par Mr. Lesage", opnieuw in Spanje wil invoeren (1783), waarbij de moeder van Gil Blas van bourgeoise weer boerin wordt (Molho 1968: 119). Isla wijzigt overigens ook het einde van de roman en vervangt de galante held door een eenzame kluizenaar.

We hebben er al op gewezen dat het motief van de eer verbonden is met dat van de afkomst. In de vertalingen en bewerkingen krijgt dit motief echter een andere functie. De Spaanse *honra* heeft niets te maken met materieel profijt, terwijl de verfranste versies het thema van de eer duidelijk verbinden met geld en bezit. Lesage hoefde zich maar te laten inspireren door de vertalingen van de Charnés *(Lazarillo),* Brémond *(Guzmán)* en De Geneste-Raclot (*Buscón*) om zijn Gil Blas aan een comfortabel einde te helpen. Mercantiele motieven vinden we ook terug in Nederlandse (*De Haagsche Lichtmis* en *De Vermakelyken Avanturier)* en Engelse imitaties *(Moll Flanders* van Defoe en *Roderick Random* van Smollett, navolger en vertaler van Lesage).

De religieuze en politieke achtergrond

De bovenvermelde verschuivingen vinden hun oorsprong in culturele (de esthetische code van het Franse classicisme van de zeventiende eeuw) en in ideologische factoren, vooral in landen waar de contacten met Spanje gespannen waren. In de zestiende en in het begin van de zeventiende eeuw had het Franse publiek grote aandacht voor alles wat in Spanje gebeurde (zie de titels van de eerste vertalingen van *Lazarillo*). Maar de vertalers bleven neutraal op het politieke en religieuze vlak en hielden zich vooral bezig met de adequate, vaak woordelijke, overdracht van informatie.

In het Nederlandse taalgebied hebben de politieke en religieuze omstandigheden (de Tachtigjarige Oorlog) echter wel een duidelijke invloed op de vertalingen gehad. De vertaler van *Guzmán* speelt bijvoorbeeld in op de anti-Spaanse gevoeligheid van zijn publiek: „Ick bidt U, haet hem (=Guzmán) niet om dat hy Spanghiaert is, de namen der Natien gheven niet." Ook de Nederlandse vertaling van *Lazarillo* (1669) is gelardeerd met oprispingen aan het adres van de Spanjaarden (Vles 1926: 57-58). De vertaler die elders erg formeel blijft, ontpopt zich in de persiflerende episode van de aflaatprediker tot een zeer genuanceerd stilist, wat te verklaren is door de anti-katholieke tijdsgeest.

Ook in Engeland is het verrassende succes van het tweede deel van *Lazarillo,* geschreven door De Luna, hoogstwaarschijnlijk te wijten aan religieuze en politieke factoren. De Luna, die Spanje had moeten ontvluchten om religieuze redenen, verbleef een tijd in Engeland. De vertaling van zijn *Lazarillo II* beleefde in vijftig jaar tijd niet minder dan zes drukken, wat een opvallend verschil is met de eerder koele receptie in andere landen.

In het Duitse taalgebied is de invloed van politiek en religie niet minder opvallend. Over het algemeen stelden de vertalers zich niet anti-Spaans op; integendeel, vooral in Zuid-Duitsland gebruikten de vertalers thema's van de Spaanse teksten om in eigen land de Contra-Reformatie een handje toe te steken. De eerste belangrijke vertaling van de *Lazarillo* (1617) vond trouwens haar oorsprong in *Lazarillo castigado* (1573), één van de meest typische nabootsingen *a lo divino* uit de tijd van de Inquisitie. De Duitse vertaling werd een moraliserend *exemplum* dat zich in politieke en religieuze zaken aan de kant van de kerk schaarde. De negatief voorgestelde priesters en religieuzen waarmee de Spaanse Lazarillo geconfronteerd werd, zijn hier vertegenwoordigers geworden van de lagere aristocratie (zie Rötzer 1972). In de vertaling van de *Segunda Parte* van De Luna („aus dem Frantzösischen in das Teutsche übergesetzt" door P. Küefuss in 1653) krijgt de vlucht van Lazarillo aan het begin van het verhaal een duidelijk spirituele betekenis: de protagonist neemt afscheid van de wereld en kiest uiteindelijk voor een kluizenaarsbestaan (Rötzer 1972: 52).

Zulke vergeestelijking van de picareske thematiek van het *desengaño* vinden we trouwens terug in de bewerking van *Guzmán de Alfarache* door de jezuiet Aegidius Albertinus. Zijn *Landstörtzer* (1615) is bijzonder belangrijk voor de Duitse verhaaltraditie. Het eerste deel is een nogal vrije vertaling van Alemán en van het apocriefe vervolg van Juan Marti. In tegenstelling tot wat later bij Lesage gebeurt, lijkt het verhaal hier precies gekozen om zijn moraliserend karakter, en werd het overigens met didactisch commentaar aangevuld („theils gemehrt und gebessert"). Deze bewerking werd het Duitse prototype van een hybride tekstvorm waarin elementen van de picareske roman en de *Bildungsroman* gecombineerd worden. Naast de *Segunda Parte* van Alemán schreef Albertinus zelf een tweede deel dat hij, in overeenstemming met zijn godsdienstige visie, liet eindigen met Guzmáns bekering: aan zijn lot overgelaten besluit de held in alle eenzaamheid te gaan boeten. In een derde deel (1626), geschreven door Martinus Freudenhold, begeeft Guzmán zich op pelgrimstocht naar het Heilig Land. Daarnaast verscheen er ook nog een *Guzmánnus reformatus* in Keulen in 1658.

De invloed van deze vergeestelijking van het picareske genre vinden we ook terug in Grimmelshausens *Simplizissimus* (1669). De sociaal-politieke situatie in het Duitse taalgebied tijdens de eerste helft van de zeventiende eeuw (men denke aan de gruwelen van de Dertigjarige Oorlog) vormden overigens een uitstekende voedingsbodem voor een literatuur geïnspireerd op het picareske verhaalstramien.

Besluit: de invloed van vertalingen op de evolutie van een literair genre

De West-Europese vertalingen van de Spaanse *novela picaresca* uit de zeventiende en het begin van de achttiende eeuw zijn aanvankelijk letterlijk, maar worden daarna vrijere 'bewerkingen' waarbij esthetische, ideologische en religieuze factoren een belangrijke rol hebben gespeeld. Dit kunnen we niet alleen afleiden uit de inleidende opmerkingen van de verschillende vertalers, maar ook uit de *matrix* van de vertalingen zelf: een aangepaste verhaalstructuur, een *happy end*, een *picaro-gentilhomme* met burgerlijke allures en, vooral in Duitsland, een politieke en religieuze kleuring. Frankrijk fungeerde hierbij vaak als eerste belanghebbende en nam een mediërende functie op zich.

Enkele van deze vertalingen hebben in sterke mate bijgedragen tot de creatie van een model dat vervolgens aan de basis lag van imitaties in de eigen taal en ze hebben op die manier de nationale literaturen in hoge mate beïnvloed. Dit geldt in het bijzonder voor De Genestes vertaling van *La Vida del Buscón* (Quevedo) en voor de Nederlandse en Duitse versies die hierop steunden. In de respectieve taalgebieden vormden ze de aanzet tot een ware trend van hybride avonturenromans – picaresk én galant – zoals *De Vermakelyken Avanturier* van Heinsius en *Gil Blas de Santillane* van Lesage, die een belangrijke plaats verwierven in de eigen literatuur en ook elders.

Naast talloze *Avanturier-Romane* (zie Reichardt 1970) deed ook een nieuw genre zijn intrede in Duitsland, onder invloed van de vertaling/bewerking van een Spaanse picareske roman. De *Guzmán*-'vertaling' van Aegidius Albertinus, die de eerste Duitse picareske roman wordt genoemd, ligt aan de oorsprong van een nieuwe verhaaltraditie in de Duitse literatuur waarin picareske en didactische elementen werden gecombineerd.

We besluiten met een citaat van een bekend criticus uit de zeventiende eeuw dat ons het meest overtuigende bewijs levert van de invloed van de vertaalde *novelas picarescas* op de toenmalige nationale literaturen. Het wijst overigens op de merkwaardige verstrengeling van origineel en vertaling. In zijn *Bibliothèque Françoise* (p. 173) verwijst de reeds vernoemde Charles Sorel onder de rubriek „Romans comiques" (en niet onder „Traductions") naar de vertalingen van *Lazarillo, Buscón* en andere Spaanse picareske romans en voegt er betekenisvol aan toe: „Je nomme [ici] des Livres qui sont Espagnols d'origine, mais qui ayant esté fait François par la Traduction, peuvent tenir leur rang en ce lieu."

DE RECEPTIE VAN DE GOTHIC NOVEL IN DE NEDERLANDSE LITERATUUR (1790-1850)[1]

Inleiding: De gothic novel in Noordwest-Europa

Het is algemeen bekend dat, met de groei van een nieuw lezerspubliek uit de lagere burgerij, aan het einde van de achttiende eeuw een aantal volkse prozagenres opkomen, die inspelen op een hang naar fantastiek en interesse voor het verre verleden. Vooral Germaanse landen, zoals Duitsland en Engeland, laten zich op dit terrein gelden met een massale productie van ridder-, rovers- en griezelromans die, hoe heterogeen ook het corpus, voldoende gemeenschappelijke kenmerken vertonen om van een genre te spreken.

Dat de Engelse term *gothic novel* nu gewoonlijk als algemene genre-aanduiding gebruikt wordt (tegenover het Duitse *Schauerroman* en het Franse *roman noir*) heeft vooral met literair-historische factoren te maken. De Engelse *gothic novel* staat immers aan de wieg van deze laat-achttiende-eeuwse romantypes en is als corpus van teksten vrij nauwkeurig te omschrijven. De *terminus post quem* ligt voor iedereen vast: het genre start met *The Castle of Otranto* (1764) van Horace Walpole. Een aantal contemporaine randteksten en literaire feiten wijzen duidelijk in die richting. Denken we maar aan de expliciete uitspraken van Walpole zelf in de voorrede tot de tweede editie van *The Castle*, waar hij het ambitieus over een nieuw genre heeft, en verder ook aan het voorwoord van

(1) Oorspronkelijke referentie: H. van Gorp, „De receptie van de *gothic novel* in de Nederlandse literatuur (1790-1850)", in *Tydskrif vir Nederlands en Afrikaans*, 3:1 (1996), pp. 1-23.

Clara Reeve bij *The Old English Baron* (1778) dat uitdrukkelijk naar het 'model' van Walpole verwijst. Ten slotte wordt hier en daar in de toenmalige tijdschriftenkritiek Walpole reeds als 'vader' van een nieuw romangenre bestempeld. Toch is er in de jaren zeventig en tachtig nog geen sprake van een echt genrebewustzijn. We moeten daarvoor wachten tot omstreeks 1790 wanneer Ann Radcliffe op het toneel verschijnt, gevolgd door Matthew Gregory Lewis. Ondertussen was in Duitsland een mengvorm van ridder-, rovers- en spookverhalen ontstaan dat in geen tijd ook Engeland zou overspoelen en samen met de *Radcliffades* (imitaties van Radcliffe) tot een modegenre en rage zou worden tussen 1795 en 1820. Dat deze genrebenadering geen eind-twintigste-eeuwse uitvinding is, moge blijken uit een kleurrijke recensie in de *Nieuwe Vaderlandsche Bibliotheek* van 1801. Ze luidt als volgt:

> Reeds sedert eenen geruimen tijd trok er een geducht onweder boven de hoofden der Recensenten in *Duitschland* te samen, dat welhaast vreeslijk uitberstte. Men begon daar naamlijk Romans te vervaardigen, vol van de ijslijkste gebeurtenissen, meestal uit de duistere middenëeuwen gehaald, en die niets anders bevatteden, dan eene aanëenschakeling van schrikwekkende rooverijën, moordenarijën, gewelddadigheden, vrouwenschennis, enz. midsgaders eene reeks van wonderbaar schijnende voorvallen, die zich eindelijk natuurlijk oplosten. Daar er slegts eene levendige verbeeldingskracht en gezonde vingers verëischt werden, tot het daarstellen van zulk slag van Romans, waarïn enkel Kasteelen, Grotten, onderäardsche Gewelven, Kloosters, Papen, Ridders, gewaande Geesten, Stormen en Onweders paradeerden, (...) werd de lezende wereld welhaast, met een groot aantal van zulke werken, overstroomd... Uit *Duitschland* trok dit onweder naa *Engeland* en woedde aldaar niet minder geducht, in eigene werken van Madam *Radeliffe* (!) en anderen zoowel, als in vertalingen uit het Hoogduitsch. Hoe zeer de Recensenten, in beide gewesten, het zwaar geschut tegen dit onweder losten, het verdeelde zich niet; het scheen zelfs aan te groeiën en verspreidde zich, hoe langs

> zoo meer, ook over andere landen. (...) de donderbui (trok) over het kanaal naa *Frankrijk*. Midden onder het oorlogsgewoel en ondanks de antipathie der twee Natiën tegen elkander, wisten de tooverromanschrijvers, als in een schrikbewind verëenigd, beider Leespubliek te overmeesteren, en het regende vertalingen der Engelsche voordbrengselen van dien aart in het Fransch. Reeds hadden wij het van verre hooren donderen, maar van *Duitschland* trok het onweêr nog niet tot ons over. Toen wij deszelfs woeden in *Engeland* vernamen, stelden wij ons ook nogal gerust, daar de Bataafsche handel met dat gewest, offschoon ter sluik, meer in andere waarden, dan juist in boeken, bloeide. Maar zoodra wij den overtogt daarvan naa *Frankrijk* bespeurden, veränderde onze gerustheid in vrees. Hier toch was het, dat onze nabijligging en broederlijke betrekkingen ons alles deden duchten, en de uitkomst toonde, dat onze vrees geenszins ongegrond was.

Deze uitvoerige historische schets van een opkomend genre wordt, globaal genomen, ondersteund door tal van uitspraken in de toenmalige kritische tijdschriften, zowel in Duitsland, Engeland en Frankrijk als in het Nederlandse taalgebied. In de *Algemeene Konst- en Letterbode* (verder afgekort als *AKL*) van 1796 (nr. 143) wordt bijvoorbeeld de volgende passage uit het Duitse *Intelligenzblatt* van de *Allgemeine Literaturzeitung* (mei 1796) letterlijk overgenomen:

> Een byzonder slag van verdichtsels, de Romans, hebben in Engeland tegenwoordig bykans dezelfde toevallige rigting gekregen, als zy, kort geleden, in Duitschland hadden, en voor 't merendeel nog hebben. Oude Ridder- en Spookhistories, Tover- en Wonderholen, hebben, by een Volk, dat zyne *Richardsons, Fieldings, Sternes* en *Smollets* heeft, een onbegrypelyken aftrek gekregen, en – 't geen iets zeldzaams is, de Hoogduitsche Letterkunde, welke juist in zulke misgeboortens zo ongemeen vrugtbaar is, by de leesgrage Engelanders, meer dan door de beste Klassike Schryvers, opgang doen maken.

Even voordien, in nummer 127 van hetzelfde tijdschrift, werd al eens op dat fenomeen gewezen:

> De Duitsche Spook- en Ridder-Romans schynen thans byzonder in den smaak der Engelschen te vallen: althans zy worden gretig vertaald. (...) Ondertusschen bepaalt men zig niet eniglyk tot het overnemen van soortgelyke uitheemsche voortbrengzels van valsch vernuft: maar weet ook betere uittekippen.

Het is hier niet de vraag wie wie beïnvloed heeft of wat de precieze oorzaken zijn geweest van het ongewone succes van het genre. Waarschijnlijk liggen verschillende factoren aan de basis van de *gothic novel*, zoals de sensationele verhalen van Franse emigranten over de Revolutie, de Duitse 'Götz von Berlichingen'-romantiek, de Engelse anti-paapse mentaliteit, de nieuwe esthetiek met haar zin voor het onregelmatige en sublieme dat gevoelens van angst, ontzetting én fascinatie opriep, de *gothic revival* in architectuur en landschapsbeschrijving en, meer algemeen, een gevoelsreactie tegen een te eng rationeel Verlichtingsdenken. Hoe dan ook, het is een literair feit dat aan het einde van de achtiende eeuw in Engeland en Duitsland, en onmiddellijk daarna ook in Frankrijk, een op sensatie en schrikgevoelens gebaseerd prozagenre, ondanks felle kritiek, de markt verovert. We willen hier nagaan of de vrees van de Nederlandse recensent van de *Nieuwe Vaderlandsche Bibliotheek* gegrond was en of dit genre ook de Nederlandse boekenmarkt heeft overspoeld. Kortom: hoe heeft de Nederlandse kritiek en het Nederlandse publiek dit nieuwe genre gerecipieerd?

De receptie van de gothic novel in Nederland

De problemen die bij zo'n poging tot receptiegeschiedenis rijzen, zijn enorm. Behalve de erg moeilijke afbakening van het genre – *émetteurs* én *récepteurs* – is het statuut van de toenmalige (meta)teksten waarop we ons voor zo'n studie moeten baseren precair: de titels van een aantal werken zijn vaak eerder „aanlokkend uithangbord" (*Vaderl. Letteroefeningen* 1814: 713) en modieuze verkoop-labels dan dat ze de inhoud dekken; de overname van tal van kritische uitspraken uit andere, buitenlandse tijdschriften, vermindert waarschijnlijk hun representativiteit voor het eigen publiek. Wat is immers de reikwijdte van de vele kritische opmerkingen; wie of wat vertegenwoordigen bepaalde critici of tijdschriften in het toenmalige literaire of culturele bestel; welke belangen zijn er mee gemoeid? En wat de (re)creatieve productie zelf betreft, hoever kunnen en moeten we hier gaan? Duidelijke vormen van intertekstualiteit liggen voor de hand, zoals vertalingen en parodieën. Maar waar ligt de grens tussen imitaties en bewerkingen (in diverse genres, ook op toneel) enerzijds en eigen creaties die grotendeels los van uitheemse invloed tot stand zijn gekomen anderzijds. Het is duidelijk dat de onderhavige schets van de Nederlandse receptie van de *gothic novel* met de nodige omzichtigheid moet worden geïnterpreteerd. Wellicht is het nog het best om gewoon een aantal 'gegevens' op een rijtje te zetten en de interpretatie ervan mede aan de lezer over te laten.

De Engelse gothic novel

Duidelijke sporen van invloed van de Engelse *gothic novel* op de Nederlandse literatuur zijn veeleer zeldzaam. Zoals reeds vermeld waren de culturele betrekkingen, in tegenstelling tot commerciële relaties, tussen Engeland en Nederland miniem. Alleen al uit het aantal titels in Buisman en andere catalogi blijkt dat de vertrouwdheid met de Duitse en Franse romankunst veel groter was (voor de periode 1795-1830 in een orde van 3-2-1, respectievelijk voor Duitsland, Frankrijk en Engeland, ondanks de constante en stereotiepe kritiek ten aanzien van Duitse barbarij en Franse decadentie).

Een aantal van de hierboven vermelde vertegenwoordigers van de *gothic novel* in Engeland (Walpole, Reeve, Lewis) komen vrijwel nergens voor in de contemporaine kritiek, laat staan dat ze worden vertaald of nagevolgd. Alleen in 'overgenomen' stukken uit Engelse periodieken (onder meer uit de *Monthly Review, The Analytical Review, The Critical Review*) en uit het Duitse *Intelligenzblatt* van de *Allgemeine Literaturzeitung*, wordt de Nederlandse lezer via de *AKL* af en toe over hen geïnformeerd. Een voorbeeld hiervan is het vrij uitvoerige stuk over Walpole op 2 maart 1798 naar aanleiding van diens overlijden waarin terloops Walpoles *The Castle of Otranto* „het groot model van alle Geesten- en Spookromans" wordt genoemd „welke sedert dien tyd [=1765] Engeland overstroomd hebben." In datzelfde jaar (*AKL*, nr. 224 van 13 april 1798) passeren ook een aantal „Spookstukken" de revue, „van welken reeds ettelyken uit de Radcliffsche romans op het toneel gebragt zyn", zoals het succesvolle *The Castle Spectre* (1797) van Lewis, zonder dat diens naam echter wordt genoemd. Ook wordt melding gemaakt van Walpoles *The Mysterious Mother* (1781), dat volgens de Nederlandse recensent, met enige „verzachting" van het „ysselyke" onderwerp en van de anti-religieuze uitdrukkingen, zou verdienen „op onzen inlandschen bodem verplant te worden."

Mindere goden in het genre worden, naar aanleiding van „vertalingen uit het Fransch naar het Engelsch" sporadisch vermeld: dat is bijvoorbeeld het geval met Charlotte Smith en Regina Maria Roche (auteur van *The Children of the Abbey*), die echter voor een Franse schrijfster wordt gehouden. Elders worden Engelse titels vernederlandst, zonder vermelding van de auteurs: *Het Geheimvol Kasteel* (van Singer) en *De Abdij van Grasville* (van Moore), wat een geringe bekendheid met het oorspronkelijke werk laat vermoeden. Uitzondering op deze gang van zaken is vooral de naam en deels ook het werk van Ann Radcliffe.

Ann Radcliffe, die in de *AKL* van 1799 (nummer 302) „de Schrik-Roman Dichteres" wordt genoemd, had in Engeland succes met *A Sicilian Romance* (1790), *The Romance of the Forest* (1791) en vooral *The Mysteries of Udolpho* (1794) en *The Italian* (1797). Franse en Duitse vertalingen, imitaties en apocriefe toewijzingen overspoelden de markt. In Nederland ging het er, zeker aanvankelijk, heel wat gematigder aan toe. Toch verschijnt reeds in 1793 een vertaling van *A Sicilian Romance* in deel 4 van de reeks *Magazijn van geschiedenissen, romans en verhalen* onder de titel *De Bouwval, of de geschiedenis van de Marquisin van Mazzini*. Het is waarschijnlijk een 'intermediaire' vertaling via het Frans, (zie *Souterrains* in de Franse vertaling), al kan ook een Duitse vertaling als bemiddelaar gefungeerd hebben. Wat er ook van zij, de naam van de auteur wordt niet vermeld, evenmin als die van de vertaler/vertaalster, en de Nederlandse „magazijn-lezer" moet het ook stellen zonder enig voorwoord. In de *Vaderlandsche Letteroefeningen* van 1795 (I: 355) wordt het verhaal veeleer negatief bestempeld:

> (...) van top tot teen geheel Roman, en krielt van de onnatuurlykste en tegen alle mogelyke waarschynlykheid aanloopende Gebeurtenissen.

In 1796 (I: 44) wordt er opnieuw naar verwezen naar aanleiding van een pas verschenen toneelbewerking van de roman, *De Marquize van Mazzini, Tooneelspel, in vyf Bedryven*. Ook hier blijven de naam van Radcliffe en die van de bewerker achterwege. De recensent geeft wel volgende toelichting:

> De Schryver heeft hetzelfde doel als gemelde roman, naamlyk aan te toonen de schriklyke gevolgen der Ondeugd, en de zalige belooningen der Deugd, die, te midden der wreedste beproeving, en het uitstaan der onmenschelykste geweldenaryen, standvastig blyft. In dit Stuk is het gezegde verhaal vry wel gevolgd; doch hetzelve heeft dit boven het andere vooruit, dat, schoon 'er

> al het romanesque niet geheel kon worden uitgelaaten, het fabelachtige, en tastbaar verdichte, zorgvuldig vermyd is. Het verdient de leezing zeer wél.

Al bij al niet zo lovend voor Radcliffe. Ondertussen had de *AKL* gewoontegetrouw uit de *Analytical Review* en *The Monthly Review* de aankondiging van Radcliffes *The Mysteries of Udolpho* reeds op 19 september 1794 en op 2 januari 1795 overgenomen. Zij blijft in de Nederlandse versies „Radeliffe" heten, maar zij wordt nu, in navolging van de Engelse recensenten, lovend beschreven als een Dame aan wie een „onderscheidenden rang" moet gegeven worden „onder de fraaie schryvers." In beide annonces wordt tevens naar haar vorig werk, *The Romance of the Forest* (*De Romance van het Bosch*), verwezen. In 1797 wordt de auteur opnieuw vermeld bij een voorstelling van recent verschenen Franse romans, waaronder *La Foret ou l'Abbaye de St. Clair* „zynde waarschynlyk ene vertaling uit het Engelsch van Ms. Radcliffe" (nummer 167, p. 77).

Met het verschijnen van *The Italian* (1797) lijkt de mode van de Radcliffiaanse *gothic novel* ook in Nederland, althans in de kritiek, te zijn doorgebroken. Via het Duitse *Intelligenzblatt* van 24 februari 1798 verneemt de lezer van de *AKL* (nummer 224, 13 april 1798) dat de rage van „dat schrikbarend slag *a la Radeliff*" (*sic*) in Duitsland en Engeland zelf al heeft geleid tot recepten „*voor een goed schrik- en gruuwmixtuur* in 2 Delen" en tot parodieën „over de nieuwe Romanfabriek." Colmans bekende hekeldichtje „A Novel now is nothing more / Than an Old Castle and a creaking door / A distant hovel / Clanking of chains – a Gallery – a light / Old armour, and a phantom all in white / And there's a Novel" wordt goedkeurend beaamd. Het fungeert als inleiding op de voorstelling en bespreking van een aantal spookromans die toentertijd voor de Engelse „Lees-Bibliotheken" als „gangbare fabriek-waren" werden vervaardigd. Radcliffes *The Italian* steekt daar echter volgens de „Engelsche beoordelaars" bovenuit. Het wordt als volgt ingeleid:

> De inbeeldingvolle Mrs. *Radcliff* zelve opent, billykerwyze, de met zwart floers omhangen Lykstatie in de schrikbarende soort, met haar nieuw vervaarlyk product: *The Italiaan (!) or the Confessional of the black Penitents.* (...) Getrouw aan haar groot model, *The Castle of Otranto*, verplaatst zy het Toneel naar Napels en in Onder-Italien.

Na enkele opmerkingen over de „vervaarlyke bedryven," „ysselyke Tonelen" en de overdreven geschilderde „gruwelen der Roomsche inquisitie" wordt via een verwijzing naar uittreksels in de *Bibliothèque Britannique* de doorzichtigheid en monotonie van het genre aan de kaak gesteld. Desondanks – of moeten we zeggen precies daarom – kent het een enorm succes. Getuige het wedervaren van de „nog vervaarlyker Roman" *The Monk* van Lewis, die in datzelfde jaar „meermalen herdrukt wierd, en, zo wel in ene Fransche als Hoogduitsche vertaling, een byna ongelovelyken opgang maakte." Uit de verdere commentaar (met verkeerd gespelde namen en fout geïnterpreteerde bronverwijzingen) blijkt echter duidelijk dat de Nederlandse recensent de roman zelf niet heeft gelezen. Een Nederlandse vertaling is trouwens, ondanks de „ongelovelijken opgang," niet op de markt gebracht. Dit gold, voorlopig althans, ook voor Radcliffes *The Mysteries of Udolpho* en *The Italian*; daarvoor moeten wij wachten tot de jaren twintig.

Toch werd haar naam ondertussen vaak uitgespeeld als publiekstrekker. Het fenomeen van de *Radcliffades*, pseudo-vertalingen en apocriefe toewijzingen is in de periode 1800-1820 ook in Nederland opvallend aanwezig. Ik beperk me hier tot de bekendste voorbeelden: in 1817 verschijnt bij de Wed. H. van Kesteren en Zoon te Amsterdam een roman getiteld *De Albigenzen of De Kluizenaar in het Bosch van Caillavel...*

gevolgd naar eene Fransche vertaling van het Engelsche handschrift van Anna Radcliffe. In werkelijkheid is het een verhaal van E.L. de Lamothe. In de voorrede van de vertaler, J. de Q... [= de Quack] wordt de bekendheid van Radcliffe bij het Nederlandse publiek uitgespeeld:

> (...) dit werkje van, de reeds zoo zeer bij ons bekende, *Anna Radcliffe*, [zal] veellicht geen ongunstig onthaal, in ons vaderland, ten deel vallen; onderscheidene werken van deze schrijfster zijn reeds in de Nederlandsche taal overgebragt [!] en door de Nederlanders met graagte gelezen; waartoe zou het dan dienstig zijn, hier iets van haar vindingrijk vernuft of goeden roman-stijl te zeggen?

Ondanks het feit dat er tot dan slechts één roman van Radcliffe, en dan nog zonder vermelding van haar naam, vertaald was, blijkt ze toch bekend bij een deel van het Nederlandse publiek.

Ook voor de recensent van het *Amsterdamsch Letterkundig Maandschrift* (april 1818) lijkt er geen vuiltje aan de lucht. Anna Radcliffe, zo schrijft zij, zal de lezers en liefhebbers van dit soort romans

> (...) ongemeen wel voldoen. Zij heeft er den slag van weg, om het geheimzinnige met het vreesselijke, – het aandoenlijke met het ontzettende, wonder wel te doen zamensmelten. Echter, dit vonden wij; maakt zij hare ontmoetingen al te gezocht; het toeval speelt eene al te voorname rol in den loop van dezen roman. De Schrijfster laat, naar believen, hare personen bij elkaar komen, waar zij ze noodig heeft. Dit moet zoo niet zijn; want dan verliest men dat natuurlijke, het welk, ook zelfs in Ridder-romans en Geestengeschiedenissen, den afloop der gebeurtenissen tot eene belangwekkende ontwikkeling moet brengen.

Wanneer in 1820 bij Johannes Noman te Z.Boemel *De Verschijningen op het Kasteel der Alpen gelegen in de Pyreneën* van de drukpersen rolt, met als toemaat: „gevolgd naar het

Engelsch van Anne Radcliffe", lijkt de recensent van het *Letterkundig Magazijn* toch lont te ruiken, zonder precies te weten wat er aan de hand is. Hij begint zijn recensie als volgt:

> Meer geneigd, om, wanneer ons Uitgevers, Schrijvers of Vertalers, Werken ter Recensie toezenden, te prijzen dan te laken, indien wij er slechts iets lofwaardigs in aantreffen, zijn wij waarlijk met dit Boek verlegen. Zekerlijk zijn Uitgever of Vertaler door den naam van *Anne Radcliffe*, van wie beminnaars der soort lektuur, welke zij oplevert, wel eens betere voortbrengselen harer verbeelding en pen ontvingen, misleid geworden; zij hadden echter, bij een weinig meer smaak, en oplettendheid, dan zij te werk gesteld hebben, ligtelijk kunnen en moeten zien, welke eene vod zij hier voor zich hadden.

In 1821 hebben wij dan eindelijk opnieuw met een echte, zij het ook ditmaal intermediaire vertaling (via het Frans) te doen, namelijk *De Italiaan, of de Biechtvader der Zwarte Boetelingen* (Amsterdam, bij J.C. van Kesteren, in twee delen). Globaal gezien is het een volledige vertaling, hoewel toch heel wat scènes, vooral 'romantische' landschapsbeschrijvingen – het waarmerk van Ann Radcliffe – zijn ingekort. Anderzijds wordt hier en daar ten gerieve van de lezer wat verduidelijkt en zijn enkele zedenlessen toegevoegd (zie Van Gorp 1993). De recensent van het eerste deel in het *Letterkundig Magazijn* (1821 I: 672) verwoordt de lezersverwachting bij dit soort verhalen door „het tweede, waarin alles zeker zal ontwikkeld [=verklaard] worden, met verlangen te gemoet [te] zien". Ook het tweede deel wordt vrij gunstig besproken, hoewel, zo lezen wij, „Veel zedelijke strekking heeft deze roman niet, doch hij bevat ook niets zedebedervends (...)" (1822 I: 141-142). Ook de recensent van de *Vaderlandsche Letteroefeningen* is matig positief, in vergelijking met de vroegere reacties op dit soort schrik-romans:

> Deze *Italiaan,* zo schrijft hij, (...) zal alzoo ook wel met gespannene verwachting en groot genoegen gelezen worden. Zelden lazen wij iets soortgelijks, dat ons evenzeer met ijzing vervulde, en tot bijna de laatste bladzijde toe in onzekerheid hield. Radcliffe heeft daarenboven een treffende schrijfwijze.

De vrij uitvoerige bespreking in *De Recensent* (1822 I: 90-92) gaat in dezelfde richting, maar prijst vooral de verderfelijke voorstelling van de Roomse Inquisitie en de zedelijke les aan het einde, die echter door vertaler Jan de Quack extra in de verf is gezet. Het *Algemeen Letterlievend Maandschrift,* daarentegen, is er minder over te spreken. Begrijpelijk, daar de roman besproken wordt tezamen met het minderwaardige *De Verschijningen op het Kasteel der Alpen,* dat aan Radcliffe was toegeschreven (zie hierboven). De criticus haalt hierover vernietigend uit: „Waarlijk, in langen tijd is ons uit de romannenfabriek geen ellendiger product in handen gekomen." Deze negatieve visie zet zich, zij het gematigder, door met betrekking tot *De Italiaan,* dat zijn inziens toch hoger moet worden aangeslagen.

Twee jaar later, in 1823, verschijnt eindelijk ook Radcliffes meesterwerk in vertaling bij dezelfde uitgever: *De Geheimen van Udolpho. Naar het Engelsch. Van Anna Radcliffe.* Het boek wordt, met de nodige terughoudendheid voor de „duivelsche" karakters, het onwaarschijnlijke van sommige passages en het ontbreken van een zedelijke strekking, in het *Letterkundig Magazijn* (1824 I: 682-686) en *De Recensent* (1825 I: 207-210) voorgesteld zonder duidelijke afwijzing of lof. De Nederlandse kritiek lijkt zich al bij al omstreeks 1820 aan het genre te hebben aangepast.

Toneelbewerkingen en ingekorte versies

Naast imitaties en echte of pseudo-vertalingen wordt in de betrokken periode (1800-1825) ook heel wat bewerkt voor het toneel. Deze toneelversies lijken het bijzonder goed te doen in de volkstheaters. Dit heeft te maken met het enorme succes, in de Franse tijd, van het melodrama à la Pixérécourt of Kotzebue. Het repertoire bestond meestal uit toneeladaptaties van Duitse sensatieromans (zie hierna) en vertalingen van Franse bewerkingen van veelgelezen Engelse *gothic novels* (de loonkosten waren er lager dan in Engeland). Het genre wordt erg populair aan het einde van de achttiende eeuw, tot woede van de critici. Worp (II: 351) spreekt van een opkomend genre

> (...) dat een quasi-historischen achtergrond heeft, waarin de personen aan geweldige hartstochten uiting geven en aan de allerverschrikkelijkste rampen ontkomen. Kerkerholen, rotsen en graftomben zijn bij voorkeur de plaats der handeling; ridders en edelvrouwen, kluizenaars en trouwe dienaren, maar vooral de meest doortrapte schurken zijn de handelende personen.

Robert of de Struikrovers (1796), een vertaling door Witsen Geysbeek van een Franse bewerking door la Martelière van Schillers *Die Raüber* maakt „grooten opgang" evenals *Candor, of de Grafkelder in het bosch*, een bewerking van een Franse roman van Ducray-Duminil, en toneeladaptaties van Vulpius' *Rinaldo Rinaldini* en *Glorioso.* Het is op die manier dat een deel van het Nederlandse publiek ook met Radcliffes *Mysteries of Udolpho* wordt geconfronteerd. In het *Amstels Schouwtooneel* (23 januari 1809 II: 26-27) doet de klassiek gerichte toneelrecensent A.L. Barbaz nogal neerbuigend over *Montoni of het Kasteel van Udolpho,* een toneelbewerking van Radcliffes roman. Het begin van de recensie is interessant voor de receptie van de *gothic novel* bij de aanvang van de negentiende eeuw:

> De smaak in romans van riddergeschiedenissen uit de middenëeuwen is, in onze dagen, langen tyd zo sterk geweest; men heeft zo veel welgevallen in spookkastelen, verdrukte, opgesloten, of vermoorde vrouwen gevonden; men heeft zich op de Gothische onbeschaafdheid zo sterk verzot betoond; dat een aantal Hoogduitsche en Fransche prozaschrijvers gemeend heeft, het publiek geen grooter dienst te

> kunnen bewyzen, dan met diergelyke geschiedenissen ook op het tooneel te brengen, en dus gezegde romans, als het ware, voor de oogen te verwezenlyken, denkelyk om dezelven, daardoor, méér indruk te doen verkrygen. Tot die soort behoort ook de *Montoni*, voorlang uit het Fransch overgezet, dikwerf op ons tooneel vertoond, en thans weder opgevoerd, voor een publiek dat talryker was dan by de beste stukken van Corneille, Racine, Voltaire, Moliere, of Destouches, iets hetwelk tot bewys moet verstrekken dat de smaak voor het wonderbare, in onze verlichte eeuw, noch niet ten enemaale uit de waereld is verdwenen.

Interessant is nu dat in die toneelbewerking zowel personages uit *The Mysteries of Udolpho* als uit Radcliffes *The Italian* de dienst uitmaken, wat de genreverwachting nogmaals beklemtoont. Overigens blijken sinds 1800 op zijn minst twee dramatiseringen van Radcliffes *The Mysteries* in omloop. Zij worden beide in de *Vaderlandsche Letteroefeningen* van 1801 kort voorgesteld. Het betreft het bovengenoemde *Montoni, of het Kasteel van Udolpho, naar het Fransche van A. Duval, door A. Bruggemans* (te Amsterdam, by J.W. Smit. In 8vo. 162p.) en *Het Testament, of de geheimen van Udolpho; Tooneelspel* (bij dezelfde uitgever, maar gereduceerd tot 84p.). De recensent van dienst meldt kort: „Beide deeze Stukken zyn getrokken uit den Roman van Anne Radclif, getyteld *Les mystères d'Udolpho*." Let op de duidelijke Franse mediatie van zowel roman als toneelstuk. De denigrerende evaluatie blijkt uit de schampere opmerking dat de bewerkers het Aristotelische „vrees en medelijden" hebben vervangen door „schrik," „en in dat oogmerk zyn zy wezenlyk zeer goed geslaagd, nadien verscheidene Tooneelen niet dan yzing en schrik voortbrengen."

Dat twee of meer versies worden „getrokken" van een roman is trouwens niet zo uitzonderlijk. Naar aanleiding van verschillende toneelbewerkingen van een Duitse roman *Die Lazaronen* (?) wordt in de *Vaderlands*che *Bibliotheek* (1809 I: 143, 377-79) op dit fenomeen wat dieper ingegaan.

De recensent heeft uitvoerig twee versies ervan met elkaar vergeleken en besluit dat „beide... oorspronkelijke Geestvruchten van twee bijzondere schrijvers [zijn]." En hij voegt eraan toe: „(...) een derde kan dit geval weder lezen, vormen er ook een Tooneelspel uit, en dit is (onzes bedunkens) aan ieder geoorloofd", vermits er op dit vlak geen „uitsluitend recht" bestaat.

Bewerken, excerperen en bloemlezen is trouwens in de mode in die tijd. In Engeland en Duitsland verschijnen magazines met ingekorte versies van *gothic novels* en *Schauerromane* (zie Van Gorp 1993: 139 en 147). In Nederland komen dergelijke „chapbook"-versies of penningmagazijnen (voor wie niet in staat is of geen tijd heeft om hele boeken te lezen) niet van de grond vóór 1830. Wel is in 1815 een bundel *Kleine Romans en Gothische Vertellingen. Uit het Engelsch* verschenen, die op een gelijkaardige interesse wijst. Het attribuut „gothisch" in de titel is hier wel opvallend. De inhoud van de vijf opgenomen verhalen geven trouwens goed de sfeer weer van de *historical gothic* met nadruk op motieven van machtsmisbruik en broedermoord. Hoe dan ook, deze uitgave en tal van producties bewijzen dat Radcliffe niet de enige auteur was die bij ons vertaald, „bewerkt" of geïmiteerd werd. Meer nog dan in de Engelse *gothic* wordt trouwens uitvoerig inspiratie gezocht bij Franse en Duitse auteurs zoals Ducray-Duminil, Kotzebue en Zschokke.

De Duitse Schauerroman

Het voorgaande kan de schijn wekken dat de receptie van de griezelroman in Nederland vooral geconcentreerd is rond het oeuvre van Ann Radcliffe. Niets is minder waar. Wat de Engelse *gothic novel* betreft, was zij ongetwijfeld degene die het meest invloed, ook bij ons, heeft uitgeoefend, maar als wij de boekenproductie en het recensiewezen in hun geheel overschouwen in de periode 1795-1820, dan valt toch de veel sterkere aanwezigheid van Duitse namen en titels op. Auteurs als Veit Weber, Schiller (*Der Geisterseher, Die Räuber*), Kotzebue, Spiess, Vulpius, Naubert, Zschokke, August Lafontaine en Heinrich Müller duiken om de andere bladzijde in de kritische tijdschriften op. De waardering is wisselvallig, maar veelschrijvers als Kotzebue en Spiess krijgen nogal eens de volle lading. Wat hierbij opvalt is dat, in tegenstelling tot de meer romantechnische opmerkingen over Radcliffes romans, hier de barbaarse zeden en het bijgeloof in de besproken *Ritter-, Raüber- und Schauerromane* evenals de commercializering van de productie gehekeld worden.

Veit Webers *Verhaalen uit de Middel-Eeuw en Riddertyden* (1793) en *Overleveringen der voorige Eeuwen. Uit het Hoogduitsch. Uitgegeeven door Mr. R. Feith* (1793), „twee Vertaalingen van één Werk, het welk met veel deelneeming en gevoel in *Duitschland* geleezen is, en ook in ons Vaderland geleezen zal worden," liggen aan de oorsprong van de receptie van de Duitse *Schauerroman* in Nederland. Het werk van Weber [= Wächter] wordt als „geheel nieuw in zyn soort" bestempeld en wekt bij de recensent uit de *Vaderlandsche Letteroefeningen* (1793 I:657) terzelfder tijd afschuw en gefascineerde bewondering. Dat Rhijnvis Feith, met zijn gekende voorliefde voor ruïnes, in zijn voorbericht bij de *Overleveringen* de lof steekt van Weber zal aan het succes ervan wel hebben bijgedragen. Imagologisch interessant is de noot bij het begin van het tweede deel ervan (op de kaft is de naam Feith hier niet meer vermeld), waar de vertaler (Feith?) schrijft:

> Ik moet maar eerst met klaagen beginnen; want gevoelige Leezeressen zullen, vreeze ik, even gelyk by het eerste Deel, tegen my uitvaaren, dat in dit Werk zo veele schrikkelyke tooneelen,

> versleten Monnikenfratsen, dreigende Ridderbeelden, en grijnzende Doodshoofden gemaald worden.

Als verdediger roept hij Wieland ter hulp die het Duitse volk uit de Middeleeuwen „charaktermaatig" beschreven heeft naar „de manier van den Helschen Breugel" (p.2). Dit beeld van de Duitse barbaarse Middeleeuwen vol bijgeloof zal de latere (verlichte) kritiek in Nederland op de Duitse Schauerroman-productie blijven overschaduwen. C.H. Spiess' *Das Petermännchen* (1791) en Christiane Nauberts *Hermann von Unna* (1788), beide vrij vroeg in het Nederlands vertaald (1795 en 1804), hebben dit nog kracht bijgezet.

Spoken en bijgeloof

De actualiteit van het onderwerp (duivelsbezweringen en spokerijen), ook in Nederland, blijkt uit het „Vraagstuk" dat de Maatschappij „Tot Nut van het Algemeen" ter beantwoording voor 1799 als volgt stelde:

> Naardien de *Vooroordeelen* omtrend de *Waarzeggeryen*, als mede omtrend de *Duivelsbezweeringen, toveryen* en *Spookeryen*, by het grootste deel der menschen, *nog niet overwonnen*, en evenwel voor *Godsdienst, Zeden* en *Maatschaplyk Geluk* allernadeeligst zyn; *vraagt de Maatschappy*: een *bondig*, zoo veel mooglyk, *kort*, en voor de *gemeene vatbaarheid*, en, *ter overtuiging van ongeoefenden*, geschikt *Betoog*, waarin het *ongegronde*, het *onzedelyke*, en het *schaadlyke* van *deeze* en andere hier mede verbondene *Vooroordeelen* worden *aangetoond*, en de *Twyfelingen* tevens opgelost, die, tot staaving van dezelven, uit de Heilige Schrift, gewoonlyk worden bygebragt.

Deze prijsvraag werd, bij wijze van informatie, vooraan afgedrukt in de gretig besproken *Spookeryen. Korte Vertellingen uit het Ryk der Waarheid* door S.C. Wagener (Amsterdam, 6 delen:

1798-1803). In het „Bericht" bij het eerste deel (1798) wordt gewezen op de blijvende „hang tot het wonderbaare en het bovennatuurlyke," hoe ongerijmd ook aan het einde van de verlichte eeuw. „Misschien", zo voegt de auteur er aan toe, „dat er veel toe doe het leezen van zekere soort van greetig gezochte romans." Hijzelf wil daarop reageren en krijgt daarvoor van de recensenten van de *Vaderlandsche Letteroefeningen* (1799 I: 49; 1800 I: 481sq.) en van de *Vaderlandsche Bibliotheek* (1799 I: 237-238) de volle steun. Het succes van de prijsvraag is echter relatief, want, ondanks de tientallen „gewaande" geestesverschijningen in talloze romans en verhalenbundels, blijkt het de critici nodig om te blijven fulmineren tegen spookgeschiedenissen allerhande. Eigenlijk niet zo verwonderlijk, omdat er een dubbelzinnigheid bestaat in de rationalisering achteraf (zie het bekende procédé van Radcliffe): de lezer wordt een hele tijd gretig gevoed met onwaarschijnlijkheden en bijgeloof, wat uiteindelijk de spankracht van het verhaal uitmaakt; de oplossing aan het eind verandert daar niet zoveel aan. Men ziet zelfs een omgekeerd effect optreden rond 1815-20. Tekenend hiervoor is de publicatie van en reactie op Jung Stillings *Theorie der Geestenkunde. Uit het Hoogduitsch vertaald* (Leeuwarden, 1814). De Nederlandse kritiek is bitter gestemd: wij hebben zulke strijd geleverd tegen alle vormen van bijgeloof, en „daar komt nu Jung, en rukt de poorten van de geesten-wereld weder open." De recensent van het *Letterkundig Magazijn* schaart zich dan ook achter het Bazelse ministerie, dat Stillings studie had verworpen:

> Voor dat zijn werk uitkwam, werd er naauwelijks een duizendste gedeelte zoo veel van geestverschijningen gesproken, als sedert dien tijd. En wanneer hij hetzelve hoofdzakelijk tot dat einde geschreven heeft, opdat men aan de verschijningen uit de geesten-wereld niet meer waarde en gewigt hechte, dan haar toekomt, zoo konde het, ten minste met betrekking tot ons gewest, *zeer wel ongeschreven gebleven zijn*. (1816, p. 199).

Nawerking in het tweede kwart van de negentiende eeuw: gothic novel en historische roman

De mode van de (vooral Duitse) ridder- en roverroman mag dan al door vele critici als voorbij worden beschouwd (*Letterkundig Magazijn* 1821: 429: „(...) Ridder-geschiedenissen, welke anders reeds uit de mode der Romannenwereld verbannen zijn;" en 1822: 541: „(...) in deze dagen, waarin die soort van Romans [= „Roover-romans"] minder in de mode is"), met betrekking tot de schrik-romans en schrikstukken ligt de zaak zeker niet zo duidelijk, gemeten aan het aantal producties dat in de jaren twintig nog in Nederland verschijnt, respectievelijk opgevoerd wordt.

Het Kritisch Lampje, dat zoals de *Tooneelkijker* de gang van zaken parodiërend volgt, doet bijvoorbeeld schamper over het blijvende succes van Kotzebue en Zschokke op het toneel (1822-23: 136-139). Sensationele schrik- en gruwelstukken als *Aballino, of de grote Bandiet* en *De Kruisvaarders* (waarin een non wordt ingemetseld) blijven volle zalen trekken. Ze zetten als het ware de succestraditie van Vulpius' *Rinaldo Rinaldini* en *Glorioso de Grote Duivel* onverminderd voort. En nog voor een hele tijd. Lezen we niet in het eerste hoofdstuk (Idee 362) van Multatuli's *Woutertje Pieterse* (1862) dat de jeugdige held van het verhaal zijn Nieuw Testament heeft verkocht voor 14 stuivers om uit de leesbibliotheek de avonturenroman *Glorioso* te ontlenen. Het grote publiek blijft aan het melodrama vasthouden, ondanks de niet aflatende kritiek. Hierbij maakt de aversie tegen Duitse *Schicksaldrama's* geleidelijk plaats voor een nog sterkere afkeer van onzedelijke Franse producten uit de „verderfelijke" school van Jules Janin en Victor Hugo (vooral met *La Esmeralda* en *Han d'Islande*, beide bewerkt door Adriaan van der Hoop, terwijl ook Zetternam in het laatste werk zijn inspiratie vond voor *Rowna*, 1845). In het *Leeskabinet* (1835 2: 201; zie Gallas, p. 260) wordt de nieuwlichterij op het Franse theater in helse kleuren geschilderd:

> Ziet men dat alles van nabij en in schreeuwend licht, dan begrijpt men, hoe de Fransche dichters hunne verfkist uit de hel nemen, zwart op zwart, gruwel op gruwel stapelen, moord-, schandaal-, en echtbreukhistoriën uitbroeyen, en een waren heksendrank brouwen, waarbij men niet weet, waarover men zich meer ergeren zal, over de bekrompenheid, botheid en stumperachtigheid van het publiek, dat zulk een afgrijselijk brouwsel, onverschillig of gulzig opslobbert, alsof het heel wat lekkers was, of over de schaamteloosheid der auteurs, die, tegen hunne betere overtuiging aan, moordlust, bloedschande, familie-ellende, kortom alle lieve bestanddelen der zoogenaamde galvanische litteratuur bij voortduring opdisschen (...).

Naar aanleiding van een opvoering van Mallefilles *Les Enfants de Lara* fulmineert ook de recensent van de *Vaderlandsche Letteroefeningen* in 1836:

> Ziedaar een fraaije Letterkunde en een heerlijk voortbrengsel der hedendaagsche School! Brandstichting, bloedschande, overspel, heiligschennis, oudermoord, kindermoord, broedermoord, doodslagen en ongebondenheid. (...) Ziedaar wat ons vertoond wordt in het zesde jaar der glorieuze Omwenteling (...)!

Het lijkt wel een verlate samenvatting van een *gothic novel.*

In de verhaalkunst blijven eveneens herdrukken van vertalingen en imitaties van vroegere romans het doen, getuige de lijst van G. Kuiper over 'Buitenlandse literatuur in de tijdschriften tussen 1830 en 1840'. Ook de eigen productie van soortgelijke verhalen neemt niet af. Wel integendeel. In een doctoraalscriptie aan de UvA (1982) hebben Marlies Schuurman en Ans Wiechman geconstateerd dat er zelfs een piek van *gothic novels* te noteren valt omstreeks 1845, dus een hele tijd na de hoogconjunctuur van het genre in Engeland en Duitsland, hoewel ook daar de *Nachwuchs* erg groot is. In 1853 nog hangt J. de Vries, onder pseudoniem Octavius

Kwarto, in zijn *Schetsen en Fragmenten* voor en achter de toonbank een kleurrijk beeld op van de preferenties bij het kliënteel van een populaire leesbibliotheek:

> „Hebt u ook de Geheimenissen van Udopho, of wel de Italiaan, of de Biechtstoel der zwarte Boetelingen van Radcliffe, of eenige andere ijsselijke geschiedenis; maar ze moet wel ijsselijk, razend, erg akelig zijn" vroeg eens een lieve meid, die luchtig den winkel kwam binnenstappen, aan Octavius.
>
> „Zijt ge dan zoo groot liefhebster om ijsselijke geschiedenissen te lezen?" vroeg de houder der bibliotheek.
>
> „Jongen ja, Mijnheer, maar het moet zeer afgrijselijk zijn."
>
> „Dan zal ik u de Twee Lijken geven van Frederic Soulié."
>
> „Komt daar veel in van moorden en branden?"
>
> „O ja, het boek is er vol van; van het opgraven van lijken, ophangen en radbraken, zoo ijsselijk als maar in de verbeelding van een' mensch is kunnen opkomen."
>
> „En komt er ook van spoken in?"
>
> „Neen van spoken niet, voor zooveel ik mij herinner; maar des te meer van levende monsters."
>
> „Geeft u me dat boek dan maar, Mijneer."
>
> „Ja, maar ge moet het spoedig uitlezen, juffrouw, want het wordt druk gevraagd; indien ik vele van dergelijke soort van boeken had, dan werd ik spoedig rijk."
>
> „Waarom maken ze dan niet meer van die mooije boeken?"
>
> „Ja, de schrijvers moesten zich meer daar op toeleggen, dat zou ons geld in den zak brengen en hun geene windeieren leggen."
>
> Het meisje verdween met het werk van Soulié.
>
> (Geciteerd naar Peter van Zonneveld, 1990: 67)

Met de opkomst en het succes van de historische roman van Walter Scott in de jaren twintig moet men toch constateren dat er zich, op een hoger niveau dan dat van de pure sensatieroman, een genrevermenging begon voor te doen tussen *gothic novel* en historische roman, die zou leiden tot creaties als *De Pleegzoon* (1833) van Jacob van Lennep, *La Esmeralda* en *De Renegaat* (1838) van Adriaan van der Hoop Jr, en *De Boekanier* (1840) van Hendrik Arnold Meijer. De *gothic villain* krijgt hier zijn navolger in de byroniaanse held die qua uiterlijk (doodsbleke kleur, indringende ogen, aristocratisch slanke gestalte, enzovoort) en karaktertrekken (trots, passioneel, op wraak belust en melancholisch) „ontzettend erg" op hem gelijkt. Nederland gaat pas dan zijn eigen verleden ontdekken, gestimuleerd door de *Verhandeling over het belangrijke van Hollands grond en oudheden voor gevoel en verbeelding* (1827) van David Jacob van Lennep. Het jaar tevoren had de *Vaderlandsche Letteroefeningen* de verzuchting geslaakt niet slaafs de Schotse mode te volgen, met haar „ijsselijke natuurtooneelen ons geheel vreemd" en haar „Schotse, ons geheel vreemde zeden, uit den ouderen tijd" (1826 I: 687). Als legitimatie van eigen grootheid waren de Middeleeuwen echter voor Holland minder geschikt (wel voor Vlaanderen; zie Conscience), zodat de Gidsers (Potgieter, Bakhuizen), mede uit angst voor teveel 'katholicisme' als verhaalstof, aanmaanden te kiezen voor de eigen, gouden zeventiende eeuw. De zeden waren echter toen reeds zodanig geëvolueerd, dat van gruwelijke verhalen zoals die uit de Duitse *Schauerromantik* geen sprake meer is.

Besluit: Nederland en de gothic novel traditie

Wellicht is dit mede een factor geweest die kan verklaren waarom de *gothic novel*, net zoals de latere romantiek, slechts in verwaterde vorm in de Nederlandse literatuur is terug te vinden. Een uitspraak van Jacob Geel, naar aanleiding van een bespreking van een wijsgerig werk in de *Journal de la Haye* van 1837 (nummer 280 van 26 nov.) geeft ons inziens treffend de positie dienaangaande weer van Nederland tussen de grotere buurlanden. Hij schrijft daar het volgende:

> On aurait tort de nier, que les trois grandes nations, dont ce pays est cerné et pressé, l'affluence de leurs productions littéraires en

> tout genre, notre besoin général de lecture, nos innombrables traductions, enfin, tant bonnes que méchantes, ne paralysent complètement le développement d'une littérature hollandaise originelle.

Wat ons daarom te doen staat is van die nood een deugd te maken. Nederland, zo vervolgt hij

> (...) ne peut jamais se mettre à la tête d'un mouvement littéraire; mais il peut le mesurer, le suivre des yeux, profiter selon les besoins, avec le bon sens, ce *household common sense*, qu'aucune des trois grandes nations ne lui a jamais contesté.
> (Geciteerd naar W. van den Berg (1984, p. 61)

In zijn *Verhandeling* wijst Willem de Clercq op hetzelfde fenomeen: onze letterkunde kan zich beroemen op regelmatigheid en houdt zich terug „van die uitersten..., waaraan zich de Duitscher (...) vaak overgeeft" (p. 327).

Deze welbekende *household common sense*-mentaliteit, sterk gekleurd door godsdienstige bekommeringen, maakt in de besproken periode tussen 1795 en 1830 het standaardbetoog uit in de opstellen en kritische recensies in de vooraanstaande tijdschriften. Het betreft in de kern een rem op een teugelloze verbeelding die leidt tot ontsporingen in denken en dichten (zie hiervoor Johannes, *Geduchte Verbeeldingskracht*, vooral p. 64 sq.). Vandaar de weinig vleiende attributen die men aan het uitheemse, erg extreme, en dus onhollandse *gothic-novel*-genre in zijn diverse varianten toeschrijft: buitensporig, te verhit, al te vierig, overdreven, ziekelyk verhoogd, wild, misleidend, enzovoort. De kritiek voelt zich in dezen vooral verantwoordelijk voor bepaalde risicogroepen die op dat soort lectuur „verzot" zijn zoals jongeren, vrouwen en laaggeschoolden. Zij zijn immers via de leesbibliotheken een makkelijke prooi voor allerlei vormen van bijgeloof die in dat soort romans schering en inslag zijn. Telkens weer wordt verzucht dat, ondanks de doorgebroken „verlichting", die kwaal niet uitgeroeid geraakt, en de massa's spookverhalen worden uitdrukkelijk hiervoor met de vinger gewezen. Vandaar de talloze verhalen over „gewaande" geestverschijningen, die het tij echter niet kunnen keren, integendeel. Dat is wellicht mede een reden geweest waarom de Engelse *gothic novel* met zijn sterk anti-paapse thematiek toch niet in het door protestanten gedomineerde Nederland feestelijk werd binnengehaald, al werden sommige verhalen (onder meer over Jezuieten) op dat stuk gunstig beoordeeld.

Omstreeks 1825, met het groeiend succes van de historische roman, voegt zich in dit grotendeels 'zedelijk' standaardbetoog een sterkere 'nationale component', die reeds tevoren aanwezig was in de erg kritische evaluaties van kreupele vertalingen die „onzen nationalen smaak verbasteren" (*De Recensent,* 1806: 130). Als een echo op Wolff en Dekens „niet vertaald" roept men de landgenoten op 'vaderlandsche' romans te schrijven die meer de gewoonten en zeden van de eigen lezers zouden weerspiegelen (zie *Letterkundig Magazijn*, 1825 I: 708). Zelfs klimatologische en geografische factoren worden om de aversie tegen het uitheems gothic-novel-genre te argumenteren: Nederland is een vlak land, waar voor struikrovers en bandieten allerhande geen schuiloorden bestaan zoals in de woeste bergstreken van Calabrië of in de Zuid-Duitse wouden. Men vergat daarbij dat voor het lezerspubliek van dit soort romans het exotische element mede de fascinatie voor het genre uitmaakte.

Tot besluit: De Engelse *gothic novel*, de Duitse *Schauerroman* en de Franse *roman noir* hebben geen typische Nederlandse tegenhanger opgeroepen, maar wel hun sporen achtergelaten in diverse vormen van mediatie (vertalingen, bewerkingen), consumptie en navolging. Het onderzoek van de belangrijkste tijdschriften – en daarin wordt toch de tijd(sgeest) geschreven – leert ons dat de *gothic* als discussieonderwerp wel degelijk aanwezig was en zelfs de kern van het standaardbetoog over literatuur (zedelijke verheffing en strijd tegen bijgeloof) raakte. Het komt er alleen op aan in die kritiek het impliciete betoog te achterhalen, waardoor blijkt dat, alle negatieve commentaar ten spijt, de praktijk van productie, distributie en consumptie in niet zo sterke mate verschilde van die van de nabuurlanden. Ook in Nederland speelt de socio-economische situatie van het boekbedrijf op dit terrein van populaire literatuur een belangrijke rol. Wel lijkt de impact ervan te zijn getemperd door sterker doorwegende ethische overwegingen en een conservatievere uitgeefpolitiek die te maken had met de aankoopgarantie van een heel netwerk van a-commerciële leesgezelschappen (zie Kloek en Mijnhardt 1990: 117-118), waarvoor tijdschriften als de *Vaderlandsche Bibliotheek* als 'boekengids' fungeerden. Het zal de leesbibliotheken een zorg zijn geweest.

V.

OMTRENT CULTUUR

HET BELANG VAN CULTUUR[1]

Dat cultuur belangrijk is, hoort en leest men elke dag in allerhande commentaren op het reilen en zeilen van de samenleving. Wat men daaronder precies verstaat, is echter niet zo duidelijk. In tegenstelling tot wetenschap en technologie, waar meetbaarheid het onderzoeksobject aflijnt, bestaat zulk demarcatiecriterium niet voor cultuur. De term wordt immers in zo verschillende betekenissen gebruikt dat een statische definitie ervan uitgesloten is. Dit belet nochtans niet dat een grote groep mensen er geen probleem mee heeft culturele producten en praktijken van diverse aard als zodanig te herkennen. Kortom, hoe vaag en omvattend ook, er lijkt iets te zijn dat cultuur onderscheidt van niet-cultuur. Het trekken van de grenslijn is echter niet altijd en niet overal op gelijkaardige wijze gebeurd.

Als wij onze Westerse cultuurtraditie als uitgangspunt nemen – wij kunnen bezwaarlijk anders – heeft het begrip *cultuur,* van het Latijnse *cultura*, steeds iets te maken gehad met bebouwing, bewerking, verzorging... als tegenbegrip van datgene wat (nog) niet bebouwd, bewerkt, verzorgd werd door de mens, namelijk *natuur.* In die brede zin betreft cultuur dus een geheel van gedragingen en handelingen van een gemeenschap van mensen dat erop gericht is hun samenleven zowel materieel als geestelijk te ordenen en te ontwikkelen. Het is, kortom, de primaire boodschap van *Genesis* 1: 28: maak van de natuur een menswaardige wereld. Dit brede cultuurbereik, waartoe uiteraard ook technologie en wetenschap

(1) Oorspronkelijke referentie: H. van Gorp, „Over het belang van cultuur", in B. Pattyn (red.), *Wegen van hoop*, Leuven, U.P. Leuven, 1995, pp. 331-334.

behoren, werd reeds vlug verengd tot het domein van de geestesgoederen: filosofie, literatuur, de schone kunsten, religieuze geschriften, historische kennis, enzovoort, kortom de cultuur in C majeur. Het is meestal deze engere betekenis – de laatste tijd evenwel verruimd tot vrijetijdsbesteding, sport, toerisme, en dergelijke – , die de meeste mensen voor ogen staat wanneer zij het over cultuur hebben.

Terwijl de techniek vooral het nuttige en wetenschappelijk onderzoek het ware beoogt, zou cultuur veeleer met het aangename en het 'schone' te maken hebben. Wat als aangenaam en schoon ervaren wordt is uiteraard aan tijd en plaats gebonden. De sovietsemioticus Jurij Lotman heeft met betrekking tot het domein van de (engere) cultuur een binaire typologie opgesteld, waarin gepoogd wordt de twee criteria te omschrijven waarop schoonheidservaringen zouden gestoeld zijn. Hij noemt deze onderscheiden cultuurtypes respectievelijk *esthetiek van de identiteit* en *esthetiek van de tegenstelling.* In het eerstgenoemde cultuurtype zouden mensen iets als mooi (aangenaam, prettig, aantrekkelijk...) ervaren – esthetiek komt van het Griekse *aisthanomai* = *gewaarworden* – wanneer zij geconfronteerd worden met iets dat zij eigenlijk reeds kennen (vanuit modellen); de schoonheidservaring berust hier dus op herkenning. Lotman stelt dat onze Westerse cultuur tot ver in de achttiende eeuw overwegend vanuit dergelijk cultuurtype de culturele producten en praktijken heeft geapprecieerd (de *imitatie* van modellen en normen, zowel in de literatuur als in de plastische kunsten, de bouwkunst, enzovoort). Met de romantiek zou zich, althans in Europa – over andere culturen spreekt hij zich niet uit – een verschuiving hebben voorgedaan naar een esthetiek van de tegenstelling, dit wil zeggen dat smaakmakers in de samenleving (kunstenaars, critici, modeontwerpers...) bepaalde producten en praktijken als 'schoon' gingen aanprijzen precies omdat zij afweken van normen en modellen (de *vervreemding*). Deze verschuiving in cultuurtype, die zich eerst in kleine, elitaire milieus afspeelde, zou geleidelijk aan ook de bredere appreciatie van culturele producten zijn gaan beïnvloeden. In plaats van imitatie wordt originaliteit als het ware een *conditio sine qua non* voor hooggewaardeerde cultuur, terwijl de massacultuur nog deels onder het teken van de imitatie blijft voortwerken. Achteraf beschouwd betreft het hier een culturele ommekeer die, hoe interessant ook, radicaler overkomt dan ze eigenlijk is. Immers, de verschuiving deed zich niet op alle domeinen voor alle groepen van cultuurgebruikers even sterk voelen en, wat ons belangrijker voorkomt, in de grond bleef het principe van de 'identiteit', zij het averechts, ook in de esthetiek van de tegenstelling doorwerken. Ik zou dit Lotmaniaanse onderscheid in cultuurtypes, waarbij gelijkaardige culturele producten en praktijken (bijvoorbeeld literaire werken) nu eens wel en dan weer niet aan de schoonheidsverwachtingen beantwoorden, willen aangrijpen om mogelijks licht te werpen op wat zich heden ten dage op de culturele scène voordoet.

Men heeft de jongste decennia de mond vol van de postmoderne cultuur. Welnu, wat zich als postmodernisme aandient in verschillende kunsten en gedragingen lijkt als het ware de bovengenoemde principes van identiteit en tegenstelling te negeren ten behoeve van de fragmentatie en relativering van normen en modellen. Zowel het klassieke cultuurtype, dat nog geheel in het teken stond van 'Hetzelfde' en 'het Eigene', als het romantisch-avantgardistische type, dat onder datzelfde teken zich in de oppositie koestert, lijken de jongste tijd te worden afgelost – ik zeg lijken, want iedereen heeft de indruk op de kentering der tijden te zijn geboren – door een cultuurtype dat zich van normen en modellen niets meer aantrekt. Eigenheid en vreemdheid verdwijnen als het ware onder een relativerende multiculturaliteit en multimedialiteit, waarop het grote verhaal van het Ene,

Ware, Schone en Goede of zijn demythologisering in de avant-garde niet meer toepasselijk is. De normen en modellen zijn er nog, uiteraard, maar gelden niet meer als dusdanig. Het zijn brokstukken geworden die in herhaalde, maar steeds andere *remakes*, *retakes*, *rewritings* of hoe het in het jargon tegenwoordig ook heet, eclectisch gebruikt worden zonder dat hun oorspronkelijke betekenis doorweegt en zonder de kijker of lezer een mening op te dringen. Dit ogenschijnlijk nieuwe cultuurtype, een soort *esthetiek van de fragmentatie en differentie,* dat mede gestoffeerd wordt door experimenten met *virtual reality*, vraagt van de toeschouwers, lezers, participanten niet om te worden herkend of ontkend, maar gewoon om te worden gezien/bekeken, gelezen, genoten, zonder meer.

Deze verschuiving in het culturele veld staat duidelijk in interactie met een verschuiving op het sociale domein, waar de wereld ons dorp is geworden. De multiculturele maatschappij waarin wij leven heeft ons willens nillens de ogen geopend voor het niet-identieke, het andere. Velen proberen er nog aan te ontsnappen door hun ogen dicht te doen of nostalgisch terug te kijken naar het verleden waar alles nog zijn 'geëigende' plaats had. De geschiedenis leert ons, dat vooral als homogeen ervaren prestigieuze culturen (denken wij aan de antiek-Griekse , de klasiek-Chinese of de Franse cultuur uit de Moderne Tijden) vaak voorbeelden zijn geweest van gesloten systemen die meteen de anderen als 'barbaren' bestempelden. Hun zelfgenoegzaamheid en geslotenheid zijn typisch voor de culturele identiteit die zij voorstonden: interculturele communicatie wordt onderworpen aan eigen normen en modellen met alle stereotypen (zelfbeelden, maar vooral vijandbeelden) vandien, die steeds weer worden gekoesterd. Vele 'kleinere' culturen hebben dit streven naar 'culturele eigenheid' nagedaan om hun bestaansrecht (vaak tegen de groteren in) te bewijzen met dezelfde stereotiepische argumenten van identiteit en tegenstelling. Deze begrijpelijke (ketting)reactie moet genuanceerd worden bekeken. Immers, het voortdurend terug oproepen in het culturele geheugen van het eigen (individuele en collectieve) verleden is erg belangrijk. Alleen, de manier waarop men er mee omspringt maakt het verschil. Geldt het enkel een defensief koesteren van een identiteitsbewustzijn – hoe noodzakelijk dit laatste ook is – dan blijkt het een riskante zaak met consequenties van nationalisme en inkapseling. Het is dan veeleer een wanhoopspoging. Geldt het anderzijds een springplank naar een toekomstgerichte, open benadering van de anderen in onze samenleving, met hun andere culturele praktijken – en we zijn in de grond, in onze *roots* allemaal 'anderen' – dan is er hoop. Dan zijn en blijven de eigen culturele producten uit het verleden dingen die niet overgaan: niet omdat ze werden gecanoniseerd of bijgezet, maar omdat ze aanleiding geven, telkens weer, en in alle culturen, tot 'verwerking', tot echte *cultura*. Cultuur krijgt dan zelfs een dubbele religieuze dimensie: in de betekenis van binding (*relegere*: weer bijeenlezen), maar ook in die van ont-eigening, van loslaten, van openheid voor de/het Andere. Het onderwijs en de media hebben hier dan ook een dubbele taak: de culturele productie uit zoveel mogelijk culturen te behoeden en steeds weer te bevragen en door te geven én impulsen te geven tot nieuwe verwerking en interculturele communicatie. Het onderzoek van diverse cultuurpraktijken aan de universiteit moet deze dubbele taak ondersteunen. Dan is hoop gewettigd, ook tegen of wellicht juist door het gewekte, postmoderne onbehagen.

VI.

BIBLIOGRAFIE

ALVAREZ, G.E., *Le Thème de la femme dans la picaresque espagnole*, Groningen, Wolters, 1955.

ANBEEK, T. & J. KLOEK, „Van idealisme naar naturalisme. Een onderzoek naar de romankritiek tussen 1879 en 1887", in *De negentiende Eeuw*, 5 (1981), pp. 3-29.

ANBEEK, T., „Nieuwe ontwikkelingen in de verhaaltheorie", in *Raster*, 6 (1972), pp. 313-329.

ANBEEK, T., „De literatuurwetenschap en de lezers", in *De Gids*, (1974), pp. 159-175.

ANBEEK, T., *„In puinhopen voel ik mij prettig ..." Over de wederopbouw van de Nederlandse literatuurgeschiedschrijving. Inaugurale rede*, Amsterdam, Wetenschappelijke Uitgeverij, 1982.

BAKHTINE, M., *Esthétique et théorie du roman*, Paris, Gallimard, 1978.

BAKHTIN, M., „Het woord in de roman", in *Raster*, 21 (1982), pp. 20-66.

BAKHTIN, M., *The Dialogic Imagination. Ed. M. Holquist*, Austin, University of Texas Press, 1983.

BAKHTIN, M., *Problems of Dostoevsky's Poetics*, Minneapolis, University of Minnesota Press, 1984a.

BAKHTINE, M., *Esthétique de la création verbale*, Paris, Gallimard, 1984b.

BARTHES, R., „Introduction à l'analyse structurale des récits", in *Communications*, 8 (1966), pp. 1-27.

BARTHES, R., *Le Bruissement de la langue. Essais critiques IV*, Paris, Seuil, 1984.

BATAILLON, M., „'La Picaresca': A propos de La picara Justina", in H. SCKOMMODAU & H. MEIER [Hrsg.], *Wort und Text. Festschrift für Fritz Schalk*, Frankfurt a.M., V. Klostermann, 1963, pp. 233-250.

BATAILLON, M., „L'honneur et la matière picaresque", in *Annuaire du Collège de France*, 63 (1963), pp. 485-490.

BERG, W. VAN DEN, „Kanttekeningen bij de letterkundige romantiek", in *De negentiende Eeuw*, 8:2 (1984), pp. 53-71.

BIALOSTOSKY, D.H., „Booth's Rhetoric, Bakhtin's Dialogics, and the Future of Novel Criticism", in *Novel*, 18 (1985), pp. 209-216.

BJORNSON, R., „The Picaresque Novel in France, England and Germany", in *Comparative Literature*, 29 (1977), pp. 124-147.

BOOTH, W.C., *The Rhetoric of Fiction*, Chicago, Chicago U.P., 1961.

BOOTH, W.C., „Freedom of Interpretation: Bakhtin and the Challenge of Feminist Criticism", in *Critical Inquiry*, 9 (1982), pp. 45-77.

BRAGT, K. van *e.a.*, Bibliographie des traductions françaises (1810-1840): répertoires par disciplines, Leuven, U.P. Leuven, 1995.

BREMOND, Cl., *Logique du récit*, Paris, Seuil, 1973.

BROICH, U., „Tradition und Rebellion: Zur Renaissance des picaresken Romans in der englischen Literatur der Gegenwart", in *Poetica*, 10 (1967), pp. 214-229.

BRONZWAER, W.J.M., D.W. FOKKEMA & E. IBSCH (eds.), *Tekstboek Algemene Literatuurwetenschap. Moderne ontwikkelingen in de literatuurwetenschap geïllustreerd in een bloemlezing uit Nederlandse en buitenlandse publicaties*, Baarn, Ambo, 1977.

BROWER, R.A. (ed.), *On Translation*, Cambridge [Mass.], Harvard U.P., 1966.

BUUREN, M. VAN, „Quelques aspects du dialogisme: Pouchkine, Dostoievski, Joyce", in *Degrés*, 8 (1980), pp. f1-f18.

CERMAC, J., „La traduction du point de vue de l'interprétation", in HOLMES, J.S. (ed.), *The Nature of Translation*, Paris – The Hague, Mouton, 1970, pp. 23-42.

CHATMAN, S., „On the Formalist – Structuralist Theory of Character", in *Journal of Literary Semantics*, 1 (1972), pp. 57-79.

CHEVALIER, M., „La première traduction française du Buscon", in *Bulletin de la Faculté des Lettres de Strasbourg*, 32 (1954-1955), pp. 202-219.

CHVATIK, K., „Bachtins Ästhetik des Wortes und seine Dostoevskij-Interpretation", in STEINER, P., CERVENKA, M. & P. VROON (eds.), *The Structure of the Literary Process: Studies Dedicated to the Memory of Felix Vodicka*, Amsterdam – Philadelphia, John Benjamins, 1982, pp. 45-62.

CLARK, K. & M. HOLQUIST, *Mikhail Bakhtin*, Cambridge [Mass.], Harvard University Press, 1984.

COUTTENIER, P., „Functionalisme en literatuursociologie", in *Spiegel der Letteren*, 12 (1980), pp. 234-248.

DELCROIX, M. & F. HALLYN (éds.), *Méthodes du texte. Introduction aux études littéraires*, Paris, Duculot, 1987.

DEPREZ, A., W. GOBBERS & K. WOUTERS (red.), *De geschiedenis van de Vlaamse literatuur in de 19de eeuw*, Gent, Koninklijke Academie voor Nederlandse Taal- en Letterkunde, 1999.

DIEDERICHS, R., *Strukturen des Schelmischen im modernen deutschen Roman*, Düsseldorf – Köln, E. Diederichs Verlag, 1971.

DIJK, T.A. VAN, *Moderne literatuurteorie: een eksperimentele inleiding*, Amsterdam, Van Gennep, 1971.

DRYDEN, J., *Of Dramatic Poesy and other critical Essays* (1680). Everyman's Library, Vol. I, pp. 262-273.

EAGLETON, T., *Literary Theory: An Introduction*, Oxford, Blackwell, 1983.

ELIAS, N., *Wat is sociologie?*, Utrecht, Het Spectrum, 1970.
ESCARPIT, R., *Sociologie de la litterature*, Paris, P.U.F., 1960.
EVEN-ZOHAR, I., *Papers in Historical Poetics*, Tel Aviv, Tel Aviv University, 1978.
FLAMEND, J., VAN GORP, H. & J. LAMBERT, „De genres: theorie en beschrijving", in VAN ALPHEN, E. & I. DE JONG (red.), *Door het oog van de tekst*, Muiderberg, Coutinho, 1988, pp. 182-199.
FOKKEMA, D.W. & E. IBSCH, *Theories of Literature in the Twentieth Century: Structuralism, Marxism, Aesthetics of Reception, Semiotics*, London, Hurst, 1977.
FOKKEMA, D.W. & E. IBSCH, *Literatuurwetenschap en Cultuuroverdracht*, Muiderberg, Coutinho, 1992.
FOWLER, R., „Anti-language in Fiction", in *Style*, 13 (1979), pp. 259-278.
GALLAS, K.R., „Hoe wordt het beginnende Fransche romantisme in de Nederlandsche tijdschriften ontvangen?", in *Album Frank Baur*, I (1948), pp. 257-264.
GEEST, D. DE, *Literatuur als systeem, literatuur als vertoog*, Leuven, Peeters, 1996.
GENETTE, G., *Figures III*, Paris, Seuil, 1972.
GENETTE, G., *Palimpsestes. La littérature au second degré*, Paris, Seuil, 1982.
GENETTE, G., *Nouveau discours du récit*, Paris, Seuil, 1983.
GENETTE, G., *Seuils*, Paris, Gallimard, 1987.
GOBBERS, W., *Inleiding tot de negentiende-eeuwse Vlaamse literatuur* [voorpublicatie], Antwerpen, Standaard Uitgeverij, 1983.
GORP, H. VAN, *Het optreden van de verteller in de roman*, Hasselt, Heideland, 1970.
GORP, H. VAN, „Structureel romanonderzoek", in *Spiegel der Letteren*, 15 (1973), pp. 130-139.
GORP, H. VAN, *Inleiding tot de picareske verhaalkunst*, Groningen, Wolters-Noordhoff, 1978.
GORP, H. VAN, „Belangrijke etappes in het verhaalonderzoek sedert het einde van de negentiende eeuw", in *Roman en onderwijs*, Leuven, Acco, 1979, pp. 16-33.
GORP, H. VAN, „De utopie van een omvattende literatuurgeschiedschrijving", in *Spiegel der Letteren*, 27: 4 (1985), pp. 245-262.
GORP, H. VAN & GEEST, D. DE, „Literatuurwetenschap", in P. DE MEESTER *e.a.*, *Wetenschap nu en morgen*, Leuven, U.P. Leuven, 1989, pp. 125-139.

GORP, H. VAN, „Het succes van de *gothic novel.* Enkele vertalingen en bewerkingen van Radcliffes *The Italian*", in HERMAN, L., LERNOUT, G. & P. PELCKMANS (red.), *Veertien listen voor de literatuur*, Kapellen, Pelckmans, 1993, pp. 136-153.

GORP, H. VAN, *Lexicon van literaire termen*, Groningen, Wolters-Noordhoff, 1998[7].

GORP, H. VAN, *De romantische griezelroman*, Leuven – Apeldoorn, Garant, 1998.

GORP, H. VAN, GHESQUIERE, R. & R.T. SEGERS, *Receptie-onderzoek, Rezeptionsforschung*, Leuven, Acco, 1981.

GREIFELT, R., „Die Übersetzung des spanischen Schelmenromans in Frankreich im 17. Jahrhundert", in *Romanische Forschungen*, 50 (1962), pp. 51-84.

GREIMAS, A.-J., *Sémantique structurale*, Paris, Seuil, 1966.

GRIVEL, CH. (red.), *Methoden in de literatuurwetenschap*, Muiderberg, Coutinho, 1978.

GROOTES, E.K., „De bestudering van populaire literatuur uit de zeventiende eeuw", in *Spektator*, 12 (1982-1983), pp. 3-24.

GUEDJ, A., „Structure du monde picaresque", in *La Nouvelle Critique*, (1968), pp. 82-87.

GUEPIN, J.P., „Propp kan niet en waarom", in *Forum der Letteren*, 13 (1972), pp. 129-147; 14 (1973), pp. 30-51.

GUILLEN, CL., „Toward a Definition of the Picaresque", in *Actes du IIIe Congrès de l'Association Internationale de Littérature Comparée (Utrecht 1961)*, 's Gravenhage, Mouton, 1962, pp. 252-266.

HEIDENREICH, H. [Hrsg.], *Pikarische Welt*, Darmstadt, Wissenschaftliche Buchgesellschaft, 1969.

HOLMES, J.S., LAMBERT, J. & R. VAN DEN BROECK, *Literature and Translation: new Perspectives in Literary Studies*, Leuven, Acco, 1978.

ISER, W., *Die Appellstruktur der Texte*, Konstanz, Universitätsverlag, 1970.

JAUß, H.R., *Literaturgeschichte als Provokation*, Frankfurt a.M., Suhrkamp, 1970.

JEFFERSON, A., „Intertextuality and the Poetics of Fiction", in SHAFFER, E. (ed.), *Comparative Criticism: A Yearbook, vol. 2*, Cambridge, Cambridge U.P., 1980, pp. 235-250.

JEFFERSON, A., „*De l'amour* et le roman polyphonique", in *Poétique*, 54 (1983), pp. 149-162.

JOHANNES, G.J., *Geduchte Verbeeldingskracht!*, Amsterdam, UvA, 1992.

KAYSER, W., „Entstehung und Krise des modernen Romans", in *DVjs*, 28 (1954), pp. 417-446.

KAYSER, W., „Das Problem des Erzählers im Roman", in *The German Quarterly*, 29 (1956), pp. 225-238.

KAYSER, W., „Wer erzählt den Roman", in *Die neue Rundschau*, 68 (1957), pp. 444-459.

KAYSER, W., *Das sprachliche Kunstwerk*, Bern – München, Francke Verlag, 1961 (1948).

KAYSER, W., *Enstehung und Krise des modernen Romans*, Stuttgart, Metzlersche Verlagsbuchhandlung, 1963 (1954).

KIBEDI VARGA, A., „Vertelstructuren van het Franse klassicisme", in *Forum der Letteren*, 11 (1970), pp. 160-169.

KLOEK, J.J. & W.W. MIJNHARDT, „negentiende-eeuwse leescultuur", in *De negentiende Eeuw*, 14:2/3 (1990), pp. 113-132.

KLOEPFER, R., „Dynamic Structures in Narrative Literature", in *Poetics Today*, 1:4 (1980), pp. 115-134.

KRISTEVA, J., *Séemeiotikè: Recherches pour une sémanalyse*, Paris, Seuil, 1969.

KRISTEVA, J., *La Révolution du langage poétique*, Paris, Seuil, 1974.

LAMBERT, J. & H. VAN GORP, „Methoden van vertaalonderzoek", in *Handelingen van het XXXIIIste Vlaams Filologencongres*, Antwerpen, 1981, pp. 190-194.

LAMBERT, J., „Production, tradition et importation", in *Revue Canadienne de Littérature Comparée*, 7 (1980), pp. 246-252.

LAMBERT, J., „Théorie littéraire, histoire littéraire, étude des traductions", in E. KUSHNER (éd.), *Actes du Colloque international „Renouvellements dans la théorie de l'histoire littéraire (Montréal, McGill University, 1982)*, Ottawa, La Société Royale du Canada, 1984, pp. 119-130.

LAMBERT, M., „Filiation des éditions françaises du *Lazarille de Tormès* (1560-1820)", in *Revue des sciences humaines*, 120 (1965), pp. 587-603.

LÄMMERT, E., *Bauformen des Erzählens*, Stuttgart, Metzlersche Verlagsbuchhandlung, 1955.

LANSER, S.S., *The Narrative Act: Point of View in Prose Fiction*, Princeton, Princeton U.P., 1981.

LAPLANE, G., „Les anciennes traductions françaises de *Lazarillo de Tormès*", in *Hommage à Ernest Martinèche: Etudes hispaniques et américaines*, Paris, Eds. d'Artrey, 1937, pp. 143-155.

LAURENTI, J.L., *Ensayo de una bibliografia de la novela picaresca española, 1554-1964*, Madrid, C.S.I.C., 1968.

LAUSBERG, H., *Handbuch der literarischen Rhetorik*, München, Fink, 1960.

LEFEVERE, A., *Translating Poetry: Seven Strategies and a Blueprint*, Assen – Amsterdam, Van Gorcum, 1975.

LEVY, J., *Die literarische Übersetzung. Theorie einer Kunstgattung*, Frankfurt a.M., Athenäum, 1969.

LEWIS, R.W.B., *The Picaresque Saint: Representative Figures in Contemporary Fiction*, New York – Philadelphia, J.B. Lippincott Cie, 1959.

LUNACHARSKY, A., *On Literature and Art*, Moscow, 1973.

LUXEMBURG, J. VAN, BAL, M. & W. WESTSTEIJN, *Inleiding in de literatuurwetenschap*, Muiderberg, Coutinho, 1987[5].

MAATJE, F.C., *Literatuurwetenschap*, Utrecht, Oosthoek, 1970.

MALCUZYNSKI, M.-P., „Mikhail Bakthin in Contemporary Narrative Theory", in *The University of Ottawa Quarterly*, 53:1 (1983), pp. 51-65.

MARTINI, F., „Fragen der Literaturgeschichtsschreibung", in *Jahrbuch der internationalen Germanistik*, 2:1 (1970), pp. 47-53.

MCHALE, B., „Free Indirect Discourse: A Survey of Recent Accounts", in *PTL*, 3 (1978), pp. 249-287.

MEIJER, P.W.M. DE, „Eenvoudige vertelstructuren: Propp en Lévi-Strauss", in *Forum der Letteren*, 11 (1970), pp. 145-159.

MILLER, S., *The Picaresque Novel*, Cleveland, Case Western Reserve U.P., 1967.

MOLHO, M., „Introduction à la pensée picaresque", in M. MOLHO & J.-F. REILLE (éd.), *Romans picaresques espagnols*, Paris, Gallimard (Bibliothèque de la Pléiade) 1968, pp. 11-142.

MOOIJ, J.J.A., *Tekst en lezer*, Amsterdam, Athenaeum-Polak & Van Gennep, 1979.

MORSON, G.S., „The Heresiarch of Meta", in *PTL*, 3 (1978), pp. 407-427.

MORSON, G.S., „Tolstoy's Absolute Language", in *Critical Inquiry*, 7 (1980-1981), pp. 667-687.

MORSON, G.S., „Parody, History, and Metaparody", in Idem & B.C. EMERSON (eds.), *Rethinking Bakhtin*, Evanston, Northwestern U.P., 1989, pp. 63-86.

MUIR, E., *The Structure of the Novel*, London, The Hogarth Press, 1954 (1928).

NEUHAUS, V., *Typen multiperspektivischen Erzählens*, Köln – Wien, Böhlau, 1971.

OVERSTEGEN, J.J., „In puinhopen ...", in *De Nieuwe Taalgids*, 76 (1983), pp. 174-177.

PERROT D'ABLANCOURT, N., *L'histoire de Thucydide*, Paris, Augustin Courbe, 1662.

PETIT, J., „Permanence et renouveau du picaresque", in M. MENSUY (éd.), *Positions et oppositions. Sur le roman contemporain*, Paris, Klincksieck, 1971, pp. 45-61.

PLEIJ, H., *De wereld volgens Thomas van der Noot*, Muiderberg, Coutinho, 1982.

POPOVIČ, A., *Dictionary for the Analysis of Literary Translation*, Edmonton, University of Alberta Press, 1976.

POUILLON, J., *Temps et roman*, Paris, Gallimard, 1946.

PRAAG-CHANTRAINE, J. VAN, „Actualité du roman picaresque", in *Synthèses*, 14 (1959), pp. 121-133.

PRINCE, G., *Narratology: The Form and Functioning of Narrative*, Berlin, Mouton, 1982.

PROPP, V., *La Morphologie du conte*, Paris, Seuil, 1970.

RANDALL, D.B., *The Golden Tapestry: A Critical Survey of Non-Chivalric Spanish Fiction in English Translation*, Durham, Duke U.P., 1973.

RAY, W., *Literary Meaning: From Phenomenology to Deconstruction*, London, Blackwell, 1984.

REES, C. VAN & H. VERDAASDONK, „Methodologie en literatuurbeschouwing", in *Controversen in de literatuurwetenschap*, Wassenaar, Servire, 1974, pp. 101-136.

REICHARDT, D., *Von Quevedos „Buscon" zum deutschen „Avanturier"*, Bonn, Bouvier, 1970.

RIMMON-KENNAN, S., *Narrative Fiction: Contemporary Poetics*, London – New York, Methuen, 1983.

RÖTZER, H.G., *Picaro – Landstörtzer – Simplicius*, Darmstadt, Wissenschaftliche Buchgesellschaft, 1972.

ROVER, F.C. DE, „Literatuurgeschiedschrijving: beeld of nevel?", in *Spektator*, 10:6 (1980-1981), pp. 537-541.

SCHENKEVELD, M.H., „In puinhopen...", in *Tijdschrift voor Nederlandse Taal- en Letterkunde*, 99 (1983), pp. 62-67.

SCHLEIERMACHER, F., „Über den verschiedenen Methoden des Übersetzens" (1813) in H.J. Störig (Hrsg.), *Das Problem des Übersetzens*, Darmstadt, Wissenschaftliche Buchgesellschaft, 1973, pp. 38-70.

SCHLEUSSNER, B., *Der neopikareske Roman: Pikareske Elemente in der Struktur moderner englischer Romane: 1950-1960*, Bonn, Bouvier, 1969.

SCHMID, W., *Der Textaufbau in den Erzählungen Dostoevskijs*, München, Fink, 1973.

SCHOUTEN, D., *Duivelse boeken. Twee eeuwen griezelliteratuur in de Lage Landen*, Den Haag, Stichting Bibliographia Neerlandica, 1997.

SCHUMAN, W., „Wiederkehr der Schelme", in *PMLA*, 81 (1966), pp. 467-474.

SCHUURMAN, M. & A. WIECHMAN, *Gothic Novel, Gothische roman of Huiverroman. Een onderzoek naar het voorkomen van 'gothic novels' in Nederland*, Amsterdam, UvA (doctoraalscriptie), 1982.

SEGERS, R.T. (red.), *Vormen van literatuurwetenschap. Moderne richtingen en hun mogelijkheden voor tekstinterpretatie*, Groningen, Wolters-Noordhoff, 1985.

SIEBER, H., *The Picaresque*, London – New York, Methuen, 1977.

SIMONS, L., *Geschiedenis van de uitgeverij in Vlaanderen. Deel 1: negentiende eeuw*, Tielt, Lannoo, 1984.

STANZEL, F.K., *Die typischen Erzählsituationen im Roman*, Wien – Stuttgart, W. Braumüller, 1955.

STANZEL, F.K., *Typische Formen des Romans*, Göttingen, Vandenhoeck & Ruprecht, 1964.

STANZEL, F.K., *Theorie des Erzählens*, Göttingen, Vandenhoeck & Ruprecht, 1979.

STOLL, A., *Scarron als Übersetzer Quevedos. Studien zur Rezeption des pikaresken Romans „El Buscon" in Frankreich*, Diss. Frankfurt a.M., 1970.

STÖRIG, H.J. [Hrsg.], *Das Problem des Übersetzens*, Darmstadt, Wissenschaftliche Buchgesellschaft, 1973.

THOMAS, H., „The English Translations of Quevedo's *La Vida del Buscon*", in *Revue hispanique*, 81 (1933), pp. 282-299.

TODOROV, T., *Grammaire du „Décaméron"*, The Hague, Mouton, 1969.

TODOROV, T., *Mikhaïl Bakhtine: le principe dialogique*, Paris, Seuil, 1981.

TODOROV, T., *La Conquête de l'Amérique*, Paris, Seuil, 1982.

TODOROV, T., *Les Morales de l'histoire*, Paris, Grasset, 1991.

TOURY, G., „The Nature and Role of Norms in Literary Translation" in J.S. Holmes e.a. (ed.), 1978, pp. 83-100.

TOURY, G., *In Search of a Theory of Translation*, Tel Aviv, The Porter Institute, 1980.

TOURY, G., *Descriptive Translation Studies and Beyond*, Amsterdam – Philadelphia, John Benjamins, 1995.

USPENSKY, B., *A Poetics of Composition*, Berkeley, University of California Press, 1973.

VALBUENA PRAT, A., „Estudio preliminar", in Idem, *La Novela picaresca española*, Madrid, Aguilar, 1956 (1943), pp. 9-80.

VERMEER, H., *Skopos und Translationsauftrag*, Heidelberg, Universitätsdruckerei, 1989.

VERVLIET, R., *De literaire manifesten van het Fin-de-siècle in de Zuidnederlandse periodieken, 1878-1914*, Diss. Gent, 1982.

VINAY, J.-P. & J. DARBELNET, *Stylistique comparée du français et de l'anglais*, Paris, Didier, 1972.

VLASSELAERS, G., *De literair-esthetische en literair-theoretische opvattingen in de Vlaamse tijdschriften, 1840-1893. Aanzet tot de reconstructie van een literaire code*, Diss. Leuven, 1985.

VLES, J., *Le roman picaresque hollandais des XVIIe et XVIIIe siècles et ses modèles espagnols et français*, 's Gravenhage, Triplaar, 1926.

WELLEK, R. & A. WARREN, *Theory of Literature*, New York, Harcourt, Brace & Cie, 1956 (1948).

WIENOLD, G., *Semiotik der Literatur*, Frankfurt a.M., Athenäum, 1972.

WILL, W. VAN DER, *Pikaro heute: Metamorphosen des Schelms bei Thomas Mann, Döblin, Brecht, Grass*, Stuttgart, Kohlhammer, 1967.

WORP, J.A., *Geschiedenis van het drama en van het tooneel in Nederland*, Groningen, Wolters, 1904-1908.

ZONNEVELD, P. VAN, *Panorama van de negentiende eeuw. De tijd van Romantiek en Biedermeier*, Amsterdam – Barneveld, Bulkboek, 1990 (1987).

VII.

NAMENREGISTER

"ACCENT"

Reeds verschenen:
Dans la même collection:

Bernard BAAS

Le désir pur. Parcours philosophiques dans les parages de J. Lacan

L'Adoration des Bergers ou de la dignité d'un clair-obscur

De la chose à l'objet

Jan BAETENS

L'éthique de la contrainte (Essai sur la poésie moderne)

Formes et politique de la bande dessinée

Antoon BRAECKMAN

De waarheid van de kunst. Over de rol van het esthetische in Schellings romantische moderniteitskritiek

Stefaan E. CUYPERS

Stoffige geesten. Essay over het materialisme in de analytische psychologie

Dirk DE GEEST

Literatuur als systeem, literatuur als vertoog. Bouwstenen voor een functionalistische benadering van literaire verschijnselen

Mark DE KESEL

Wij modernen. Essays over subjectiviteit & moderniteit

Dirk DE SCHUTTER

Opgave van het proza. Over Hegel, Heidegger en de ethiek van het lezen

Pascal DURAND

Crises. Mallarmé via Manet

Koenraad GELDOF

Analytiques du sens. Essais sur la sociologie de la culture

Kritische profielen. Opstellen over politieke filosofie, esthetiek en (Franse) literatuur

Sylvette GIET

«Nous Deux», 1947-1997: apprendre la langue du cœur

Dieter LESAGE

Namen als gezichten (essay over de faam)

"ACCENT"

Steve G. Lofts

Ernst Cassirer: La vie de l'esprit. Essai sur l'unité systématique de la philosophie des formes symboliques

Jack A. Post

Optische effecten in de film. Aanzetten tot een semiotische analyse

Hendrik van Gorp

Grensverkeer. Literatuurwetenschap • tekstinterpretatie • cultuurstudie

Philippe van Haute

Psychoanalyse en filosofie. Het imaginaire en het symbolische in het werk van Jacques Lacan

Ludo Verbeeck

Franz Kafka. Portret van schrijver als goochelaar

"ACCENT"

Onder redactie van • Dirigée par:
Jan Baetens, Dirk De Schutter, Koenraad Geldof.

De reeks "Accent" biedt de lezer een verscheidenheid aan interventies in de contemporaine menswetenschappen. Met essays waarvan de leesbaarheid en de actualiteit geen afbreuk doen aan nauwkeurigheid en waarin psychoanalyse, filosofie, literaire theorie, geschiedenis en sociologie elkaar kruisen, wil "Accent" de ruimte vrijmaken voor kritiek en reflectie. Dankzij deze multidisciplinaire benadering en haar strikt tweetalig karakter kan "Accent" beter inspelen op de diversiteit van de hedendaagse cultuur. De veelstemmigheid van analytische accenten zal uitmonden in een voorzichtige dialoog die onuitgegeven syntheses exploreert en zo nieuwe vragen oproept.

Adres van de redactie:
Adresse de rédaction:

Koenraad Geldof
KU Leuven
Dept. Literatuurwetenschap
PB 33
B-3000 LEUVEN
Tel: 00 32 16 32 48 29
Fax: 00 32 16 32 50 68
E-mail: koen.geldof@arts.kuleuven.ac.be

Adres van de uitgever:
Adresse de l'éditeur:

PEETERS
Bondgenotenlaan 153
B-3000 LEUVEN
Fax: +32 16 22 85 00
E-mail: <peeters@www.peeters-leuven.be>